AF277482

INTELIGENCIA ARTIFICIAL: LUCES Y SOMBRAS

MILENIO
ensayo
77

Rosa Maria Alsina
Ricardo Mejía
Francesc Torralba

INTELIGENCIA ARTIFICIAL: LUCES Y SOMBRAS

Prólogo de Joan-Enric Vives i Sicília

editorial
MILENIO
LLEIDA, 2025

© Rosa Maria Alsina, Ricardo Mejía Fernández
y Francesc Torralba Roselló, 2025
© del prólogo: Joan Enric Vives i Sicília, 2025
© de esta edición: Milenio Publicaciones SL, 2025
Sant Salvador, 8 - 25005 Lleida (España)
www.edmilenio.com
editorial@edmilenio.com
Primera edición: mayo de 2025
ISBN: 978-84-19884-85-5
DL: L 296-2025
Impreso en Arts Gràfiques Bobalà, SL
www.bobala.cat

Printed in Spain

ÍNDICE

PRÓLOGO

En este nuevo libro de la Cátedra de Pensamiento Cristiano se explora una cuestión de gran actualidad: los desafíos que conlleva la Inteligencia Artificial.

El Santo Padre se ha referido a esta temática en diferentes mensajes. Ha expresado que estos sistemas de Inteligencia Artificial deben desarrollarse en conformidad con la dignidad de la persona humana y promover el bien común, tesis centrales en la Doctrina Social de la Iglesia desde León XIII hasta la actualidad.

Frente a las visiones apocalípticas de la Inteligencia Artificial, hay que ver las posibilidades que permite en muchos campos, especialmente en el ámbito médico, pero, a la vez, hay que tener un punto de vista crítico, con el fin de observar las carencias y dificultades que puede plantear un desarrollo de estos sistemas sin tener en cuenta los criterios de la ética.

Estamos frente a un instrumento extremadamente poderoso, capaz de ayudarnos a dar un salto cualitativo como humanidad, pero es necesario que sea transparente, que evite la discriminación y, sobre todo, que se ponga al servicio de las personas y de los grupos en situación de vulnerabilidad.

La transformación que están produciendo estas nuevas tecnologías es evidente en muchos campos: tanto en la producción como en el consumo, pero también en la vida política, social y cultural. Estamos delegando la capacidad de decidir a estos sistemas, sin saber qué criterios actúan en esta toma de decisiones. Por ello es fundamental la formación, la democratización del saber y hacer partícipes a los ciudadanos en el conocimiento de su funcionamiento interno.

El Santo Padre ha defendido en varios mensajes la necesidad de una algorética, es decir, de una ética algorítmica. La cuestión es urgente y necesaria. Debemos saber cuáles son los algoritmos que están diseñados y en base a qué criterios.

El desarrollo de la Inteligencia Artificial tiene una dimensión global que rebasa un campo determinado, como puede ser Europa o los EE. UU. Afecta al conjunto de la humanidad. Por ello es necesario lograr una implicación de todas las grandes tradiciones espirituales y religiosas y una toma de conciencia de su potencial.

Este pequeño libro nos ayudará a reflexionar sobre él y a hacer discernimiento. En él se presentan las ponencias que se celebraron en la Cátedra de Pensamiento Cristiano del año 2024. Los expertos ofrecen diferentes abordajes. Estamos convencidos de que solo el trabajo interdisciplinario puede garantizar una visión de la complejidad que no caiga en visiones unilaterales o reduccionistas.

Por eso saludamos con afecto este libro y esperamos que sea lo más útil posible a los lectores a la hora de formarse un criterio.

Monseñor JOAN-ENRIC VIVES I SICÍLIA
Arzobispo de Urgell

10

¿DE QUÉ HABLAMOS CUANDO HABLAMOS DE INTELIGENCIA ARTIFICIAL? ESTADO DE LA CUESTIÓN

Rosa Maria Alsina

La Inteligencia Artificial (IA) emerge como una de las herramientas más influyentes en la actualidad, ofreciendo un potencial transformador significativo. En nuestra era tecnológica, la IA se ha infiltrado prácticamente en todos los aspectos de la vida cotidiana, lo que acentúa la necesidad de entender sus implicaciones y desmontar las percepciones equivocadas que a menudo la rodean. La carencia de comprensión sobre la IA puede generar tanto miedo como fascinación, alimentando mitos, malentendidos y preocupaciones.

Algunos de los temores más comunes de la población incluyen la sustitución del trabajo humano por algoritmos, el control que la IA puede ejercer sobre las personas y su seguridad, la preocupación por la discriminación y las decisiones injustas, así como las cuestiones de privacidad de los datos personales. Sin embargo, es crucial entender que la IA es simplemente una herramienta sin entidad autónoma, ni intenciones propias, ni libre albedrío.

El objetivo de este análisis es desmontar los mitos que rodean la IA y proporcionar una comprensión más clara de su naturaleza. Una comprensión adecuada de la IA es esencial para guiar políticas, regulaciones y decisiones individuales y colectivas en un mundo cada vez más impulsado por la tecnología.

Qué es la Inteligencia Artificial (y qué no es)

Definir la evolución de un término a través de setenta años es complicado, y más ahora que avanza tan rápidamente, motivo por el cual la definición de IA es momentánea y asume el riesgo que sea obsoleta bien pronto. Según el diccionario de la Real Academia de la Lengua Española, la Inteligencia Artificial es una disciplina científica que se ocupa de crear programas informáticos que ejecutan operaciones comparables a las que realiza la mente humana, como el aprendizaje o el razonamiento lógico.

La IA se desarrolla en algoritmos, que, a su vez, son un conjunto de reglas o instrucciones para resolver un problema. Otros organismos menos orientados a la lengua, como la Comisión Europea, también han dado su visión de la definición de la IA.[1] Según la CE, es la capacidad de una máquina para exhibir habilidades similares a las humanas, como el razonamiento, el aprendizaje, la creatividad y la planificación. En la semántica de esta definición, se percibe el deseo de la persona de replicarse o crearse a sí misma, puesto que tiende a antropomorfizar o humanizar la tecnología; en realidad se refiere a que se trata de habilidades que, si se vieran en una persona, denominaríamos humanas. De hecho, Dijkstra hizo la analogía que otorgar la capacidad de pensar a un ordenador era lo mismo que otorgar la capacidad de nadar a un submarino.[2] A pesar de todo, esto permite que los sistemas tecnológicos reconozcan su entorno, interactúen, resuelvan problemas y operen con un propósito específico, procesando datos y respondiendo a ellos. Según la CE, los sistemas de IA también pueden adaptar su comportamiento, analizar efectos anteriores de sus respuestas y funcionar de manera autónoma.

---

1. "¿Qué es la inteligencia artificial y cómo se usa? <http://www.europarl.europa.eu/topics/es/article/20200827STO85804/que-es-la-inteligencia-artificial-y-como-se-usa> (consulta: 05/10/2024).

2. Cita atribuida a E. W. Dijkstra, en el *board* de la Carnegie Mellon University (CMU), diciembre 1986.

Hay que puntualizar que esta definición es tecnológicamente optimista. Parece más una expresión de voluntad u objetivo, quizás incluso de miedo, que una realidad, al menos en la actualidad. Hoy la IA tiene un papel central en la transformación digital de la sociedad y se ha convertido en una prioridad para la Unión Europea. Por eso ya se ha trabajado en una primera ley de la IA, que tiene por objetivo proporcionar a los desarrolladores e integradores requisitos y obligaciones claras en cuanto a sus usos específicos.[3]

Algunas de estas tecnologías existen desde hace unos setenta años, pero los adelantos en potencia de computación, en disponibilidad de datos y en nuevos diseños de algoritmos han permitido este salto tan destacado los últimos años. Para tener una idea más clara de dónde encontramos ya hoy estos avances, se pueden mencionar varios ejemplos.

La IA impulsa varios tipos de *software* cotidianos hoy en día, como los asistentes virtuales (la Siri de Apple, la Alexa de Amazon); casi todo el análisis de imágenes, por ejemplo, de cámaras de seguridad de la calle que buscan conductas sospechosas; motores de búsqueda habituales como Google o Bing; la biometría, a través de sistemas de reconocimiento por voz o por la cara —como permiten algunos teléfonos desbloquearlos tan solo reconociendo la cara del propietario—, entre tantos otros.

Hay otros ámbitos donde la aplicación de la IA se reconoce de manera menos intuitiva, porque se trata de una IA integrada en dispositivos. Por ejemplo, pilotaje de drones o de vehículos autónomos, el llamado "internet de las cosas" (IoT), que es cualquier tipo de sensor que esté conectado en internet, como por ejemplo sensores de temperatura de hogares inteligentes o domóticos, radares de tráfico, o estaciones meteorológicas. Aplicaciones que trabajan conjuntamente con las dinámicas que hay entre nuestras consultas en internet y la publicidad

---

3. "Configurar el futuro digital de Europa", <https://digital-strategy.ec.europa.eu/es/policies/regulatory-framework-ai> (consulta: 05/10/2024).

que recibimos. También las traducciones automáticas con motores como Google Translate o entornos de trabajo de ciberseguridad, donde la IA puede ayudar a reconocer amenazas informáticas basándose en gran cantidad de datos.

Desde un punto de vista tecnológico, la IA es un campo de la informática que se dedica a crear sistemas y algoritmos que pueden simular ciertas capacidades humanas, como por ejemplo el aprendizaje, la toma de decisiones y la resolución de problemas. Utiliza modelos matemáticos y algoritmos para procesar grandes cantidades de datos e identificar patrones, con el objetivo de generar respuestas o tomar decisiones de manera autónoma. En su núcleo, la IA se basa en el uso de algoritmos para procesar información y generar resultados, a pesar de que su complejidad y aplicación pueden variar según el tipo de problema que se quiera abordar.

Desde este último punto de vista, además de usar algunos tecnicismos más propios de la ingeniería, ya no se debate el acercamiento a las capacidades humanas, sino que directamente se describe como una "simulación" y se apoya el razonamiento de la IA en modelos matemáticos y en la estadística. Es preciso no olvidar que nos estamos refiriendo a una herramienta.

Cronología de la IA

A menudo se cree que la IA es una herramienta de diseño actual y de implementación reciente y se olvida que tiene más de setenta años de antigüedad, porque su primera definición se formuló durante la década de los cincuenta del siglo xx. La evolución de la IA se produce gracias a décadas de investigación, desarrollo e innovación en el campo de la informática y la ciencia cognitiva.

La pregunta que genera el origen de esta disciplina es la siguiente. ¿Se pueden construir máquinas inteligentes? En la reflexión alrededor de esta hipótesis, es inevitable pensar en el cerebro humano como si fuera una máquina y tener la pretensión de programar una máquina inteligente que pueda funcionar como el cerebro humano. Se trata de un objetivo muy ambicioso, que persigue que una máquina tenga una inteligencia de tipo general, como tienen los humanos, para imitar el funcionamiento del cerebro. Conviene repasar breve-mente los hitos más relevantes de la historia de la IA, junto con los nombres más determinantes que la trazaron, para tratar de responder a esta hipótesis.

Alan Turing, además de haber jugado un papel fundamen-tal en la Segunda Guerra Mundial descifrando los mensajes del ejército nazi encriptados con máquinas Enigma, hizo contribuciones excepcionales en el campo de la informática, como la máquina de Turing (1936).[4] Turing es considerado el padre de la IA, sobre todo por la publicación de "Compu-ting Machinery and Intelligence" en la revista *Mind* en 1950, donde preveía que en medio siglo podría haber ordenadores aprendiendo nuevos conocimientos y comunicándose de ma-nera muy similar a los humanos.

Tanto es así, que diseñó un test —el test de Turing[5]— para determinar si una máquina es inteligente, a través de un juego de diálogos y engaños en el que el humano tiene que determinar si está interactuando con una máquina o con otro humano. Se trata de un test que hoy en día no se sabe de ningún programa de ordenador que lo haya superado, a pesar de que todavía se discute que sea lo más adecuado para demostrar la inteligencia de un algoritmo.

John McCarthy organizó en 1956 la convención de Dartmouth,[6] después de haber convencido a científicos de la talla de Claude Shannon —pionero de la Teoría de la Información,

4. TURING, Alan. "Intelligent Machinery (1948)", en B. J. COPELAND (ed.), *The Essential Turing.* Oxford, Oxford University Press, 2004, 395.
5. TURING, Alan. "Computing Machinery and Intelligence". *Creative Computing*, 1980, 6.1: 44-53.
6. MCCARTHY, John *et al.* "A Proposal for the Dartmouth Summer Research Project on Artificial Intelligence, August 31, 1955". *AI Magazine*, 2006, 27.4: 12.

y afiliado a los Bell Labs— y Marvin Minsky —de Harvard, posteriormente impulsor del laboratorio de IA del MIT— para redactar una propuesta de discusión que se centrara en que cualquier aspecto de la inteligencia humana podía ser descrito solo con el objetivo de ser simulado en una máquina, acuñando por primera vez conocida el término de *inteligencia artificial*. La Fundación Rockefeller financió las ocho semanas de convención, donde participaron también investigadores de IBM, del Massachusetts Institute of Technology (MIT) y del Carnegie Institute of Technology, entre otros. Trabajaron para conseguir adelantos en comprensión del lenguaje, en la conceptualización y en la abstracción. Posteriormente se vio que pecaron de ser optimistas y no supieron estimar adecuadamente la complejidad de los procesos cognitivos que estudiaban.

El hito siguiente en este camino fue la creación del primer *chatbot*, por parte de Joseph Weizenbaum, del MIT (1964-1967). Un *chatbot* es un *bot* conversacional, un programa capaz de mantener conversaciones de forma automática usando IA. Lo bautizó como Eliza[7] poéticamente, en referencia al personaje de *Pigmalión* de Shaw. Fue diseñado para imitar a un psicoterapeuta y respondía replanteando las respuestas del paciente y repreguntándole para avanzar en la presunta conversación. Fue muy exitoso, incluso hubo personas que desarrollaron vínculos afectivos con el Eliza. Este y otros proyectos también exitosos, como el Belle,[8] el primer juego de ajedrez diseñado por IBM, o el SHRDLU,[9] creado por Terry Winograd, que podía entender lenguaje natural para manipular objetos en un mundo virtual simple, generaron durante los años sesenta y setenta una fiebre del oro respecto de dónde podían llegar las máquinas inteligentes y cómo podían cambiar el mundo.

7. WEIZENBAUM, Joseph. *Computer Power and Human Reason: From Judgment to Calculation*. Nueva York, W. H. Freeman and Company, 1976.
8. CONDON, Joe H.; THOMPSON, Ken. "Belle", en *Chess Skill in Man and Machine*. Nueva York, Springer New York, 1983, 201-210.
9. WINOGRAD, Terry. "Breaking the Complexity Barrier Again". *ACM Sigplan Notices*, 1973, 10.1: 13-30.

Pero no todo podía ir siempre adelante a este ritmo. La capacidad de computación fue insuficiente durante los años ochenta y no se desarrollaron los conocimientos suficientes para simular todo aquello que se entendía como humano. Llegó lo que se ha denominado invierno de la IA. Las expectativas sobredimensionadas, las grandes promesas no cumplidas de superar la inteligencia humana y la decepción con los resultados de los proyectos en curso, causaron una carencia de financiación que desaceleró los adelantos en IA hasta finales de la década.

La década de los noventa supuso un resurgimiento, sobre todo focalizado en algoritmos de inspiración biológica, como las redes neuronales artificiales y los algoritmos genéticos. En el cambio de siglo, la IA experimentó un crecimiento significativo gracias al aumento de los datos disponibles y de la capacidad de computación, que permitió usar modelos cada vez más complejos. Un ejemplo es el desarrollo de Watson[10] por parte de IBM, un sistema informático capaz de responder a las preguntas formuladas con lenguaje natural,[11] que ganó notoriedad mundial en 2013 al derrotar los mejores jugadores humanos en el programa de televisión *Jeopardy!* El mérito de IBM fue superar a los humanos sin ningún diseño de imitación neuronal sino con mecánicas estadísticas ampliamente usadas ya anteriormente. Watson fue el primer sistema que pudo mecanizar lo que diríamos un sabio o el hombre enciclopedia a pesar de que no podía generar nuevo conocimiento o generalizarlo a partir de lo que ya sabía. Fue el punto máximo de las técnicas de recuperación de información o Information Retrieval. El funcionamiento y la aplicación de Watson ayudó a hacer ciertas reflexiones. Saberlo todo (Know-it-allness) no es necesario para vivir, tampoco para hacer un trabajo especializado. De hecho, tampoco fue necesario para diseñar el propio

10. HIGH, Rob. *The Era of Cognitive Systems: An Inside Look at IBM Watson and how it Works*. IBM Corporation, Redbooks, 2012, 1: 16.
11. IBM-Watson IBM Watson (consulta: 01/05/2024).

Watson, pero tiene una aplicación práctica en todas las cosas, potencia la inspiración y permite el pensamiento analógico... así que parecía claro, en los alrededores de 2013, que el paso siguiente era crear, generar, conocimiento, contenido, arte...

Estos últimos años han sido protagonizados por lo que se denomina IA Generativa,[12] surgida gracias a los adelantos en algorítmica de estructuras de aprendizaje neuronal y aplicados a modelos de lenguaje, que, junto con la combinación de gran cantidad de datos y una capacidad de computación muy superior, han abierto la puerta a una nueva manera de entender la IA y su aplicación. Es capaz de generar textos, imágenes, videos u otros datos usando modelos generativos a menudo basados en *prompts*, que es la nueva manera de estructurar las instrucciones —el código— para que sean correctamente entendidas por los modelos de IA generativa.

Los algoritmos que constituyen la IA

Desde sus inicios en los años cincuenta, la IA ha experimentado una evolución marcada por cambios en los paradigmas y en las tecnologías utilizadas. Vamos a revisar muy brevemente las transiciones más destacables desde un punto de vista técnico, para comprender con más profundidad qué hay en los algoritmos de IA en cada época, en qué se basa su funcionamiento y a qué responden.

Los primeros que se utilizaron para emular y reproducir las capacidades humanas en un dominio específico fueron los sistemas expertos.[13] Se centran en una base de conocimiento, donde se estructuran las reglas y los hechos que hay que tener en cuenta para tomar decisiones, y en un motor de inferencia,

---

12. KARPATHY, Andrej; ABBEEL, Pieter; BROCKMAN, Greg; CHEN, Peter; CHEUNG, Vicki; DUAN, Yan; GOODFELLOW, Ian; KINGMA, Durk; HO, Jonathan; HOUTHOOFT, Rein; SALIMANS, Tim; SCHULMAN, John; SUTSKEVER, Ilya; ZAREMBA, Wojciech. "Generative Models". *OpenAI*, 16 de junio de 2016.
13. JACKSON, Peter. *Introduction to expert systems*. Addison-Wesley Longman Publishing Co., Inc., 1990.

18

que ejecuta la aplicación de las reglas sobre los hechos dados en cada caso para obtener, de salida, unas conclusiones o recomendaciones. Son sistemas basados en la lógica simbólica y las reglas heurísticas. Se popularizaron en los años setenta y ochenta, gracias al hecho que tenían la madurez suficiente para ser aplicados fuera del laboratorio.

A continuación, se evolucionó hacia los sistemas estadísticos, como los Support Vector Machines – Máquinas de Apoyo Vectorial (SVM)[14] y los Decision Trees – Árboles de Decisión,[15] que son algoritmos de aprendizaje supervisado. Su auge, durante la década de los noventa, fue impulsado gracias a la disponibilidad de conjuntos de datos cada vez más grandes y complejos y al incremento de la capacidad de computación que permitió su aplicación en el ámbito industrial.

Las SVM son herramientas clave para las tareas de reconocimiento de patrones y clasificación, que permiten una toma de decisiones apoyada en las relaciones matemáticas dominantes. Los Decision Trees son modelos predictivos usados en aprendizaje automático, que pueden gestionar datos numéricos pero también categóricos, y los criterios de decisión se basan en el análisis matemático de la información, como la ganancia de información.

Durante los años 2000 y especialmente los 2010 se trabajó con las Neural Networks – Redes Neuronales (NN).[16] Las NN son modelos de aprendizaje profundo, inspiradas en el funcionamiento del cerebro humano y en las interacciones entre neuronas. Contienen varias capas de neuronas con diferentes pesos, que se fijan con un entrenamiento previo, y tienen múltiples conexiones entre ellas, activadas o desacti-

14. HEARST, Marti A. et al. "Support Vector Machines". IEEE Intelligent Systems and their Applications, 1998, 13.4: 18-28.

15. SAFAVIAN, S. Rasoul; LANDGREBE, David. "A Survey of Decision Tree Classifier Methodology". IEEE Transactions on Systems, Man, and Cybernetics, 1991, 21.3: 660-674.

16. HAYKIN, Simon. Neural Networks: a Comprehensive Foundation. Prentice Hall PTR, 1998.

vadas en función del proceso a realizar. Las NN son capaces de aprender patrones y relaciones más complejas entre datos. El verdadero punto de inflexión de la IA —y que es el responsable de la última explosión— han sido los Transformers, modelos de IA basados en NN que utilizan mecanismos de atención[17] para procesar secuencias de datos. Es una arquitectura de NN profunda[18] que se desarrolló específicamente para procesamiento del lenguaje natural. Su característica principal es la atención, un mecanismo que permite a la red aprender las relaciones entre palabras en una secuencia, pero sin un orden específico, y capturar relaciones de largo alcance y hacer un mucho mejor uso del contexto global de la secuencia. Esto ha llevado modelos de lenguaje a gran escala, como es el Generative Pre-Trained Transformer (GPT). Estos modelos de lenguaje no aprenden de sus errores como lo hacen los humanos, pero sí que pueden mejorar con el tiempo y con una buena realimentación recibida de usuarios y de desarrolladores y con más datos de entrenamiento. Con todo, no llegan a la comprensión consciente de los errores, ni siquiera a un proceso de aprendizaje activo como lo haría una persona.

Quizás el nombre de Transformer nos dice poca cosa, pero sus aplicaciones comerciales son el conocidísimo Chat-GPT[19] de OpenAI o el BERT[20] de Google. Son herramientas recientes que muestran cómo llega al gran público la capacidad de los Large Language Models (LLM), para comprender y generar respuestas naturales y coherentes, así como contextualmente relevantes, en el marco de una conversación.

17. VASWANI, Ashish, et al. "Attention is All You Need", en VASWANI, Ashish et al. Proceedings of the 31st International Conference on Neural Information Processing Systems, vol. 30, 2017.

18. LECUN, Y., BENGIO, Y., & HINTON, G. (2015). "Deep Learning". Nature, 521 (7553), 436-444.

19. ChatGPT <https://openai.com/blog/chatgpt> (consulta: 05/10/2024).

20. DEVLIN, Jacob et al. "BERT: Pre-training of Deep Bidirectional Transformers for Language Understanding", en Proceedings of the 2019 Conference of the NAACL, vol. 1, 4171-4186.

Se trata de máquinas, de código y de algorítmica, y, en última instancia, se implementan bajo unos parámetros definidos por la persona o por el equipo que la diseña. ¿Por qué tendría que generar preocupación? Realmente, ¿se asemeja tanto a los humanos?

Los mitos más comunes de la IA

Los miedos respecto a la IA a menudo aparecen ante la carencia de información asequible y didáctica y derivan en mitos poco contrastados con la realidad. Antes ya se han comentado unos cuantos —la sustitución laboral, la seguridad y los datos, la perpetuación y quizás intensificación de los sesgos en las decisiones, entre otros—. A continuación, se revisarán y se procurará ver qué hay de cierto, y qué seguramente está sobredimensionado.

LA SUSTITUCIÓN HUMANA

Existe la creencia de que, igual que en la revolución industrial las máquinas y la automatización sustituyeron a las personas en buena parte de sus tareas manuales, ahora la IA les tomará también la parte de actividad intelectual y que escribirá, analizará y decidirá en lugar suyo. Provocaría así una desocupación masiva.

Es imprescindible impulsar la investigación en los impactos de la IA en el mercado laboral, pero en algunos ejes de la valoración ya hay respuestas (y propuestas). La IA puede automatizar tareas rutinarias que hoy hacen las personas e incluso hacerlas de forma más eficiente, pero no se tiene que entender solo como una amenaza, porque muchas tareas requieren habilidades solo humanas, como la creatividad o la empatía. El objetivo tiene que ser fomentar el apoyo de las máquinas en el trabajo de las personas, de forma que la IA se vea como un instrumento que puede ayudar a mejorar la productividad, la precisión y la innovación en lugares de trabajos humanos.

Los puestos de empleo, los tipos de trabajo, las tareas y los roles de las personas cambiarán. Algunos se automatizarán y otros hará falta que sean redefinidos para aprovechar las ventajas de la IA, como el *prompt engineering*, mencionado previamente, para tener programadores expertos en sacar el máximo potencial de las nuevas herramientas. Habrá que promover la formación y la adquisición de competencias en IA también para trabajos de otros perfiles, no solo técnicos, para trabajar de la manera más eficaz. A la vez, habrá que potenciar la adquisición de competencias que no son resolubles por la IA, como las habilidades sociales, la creatividad, la adaptabilidad, la resolución de problemas complejos o, sobre todo, el pensamiento crítico. Las personas no somos sustituibles por la IA, pero algunas de nuestras tareas u ocupaciones sí que lo son.

LA SEGURIDAD Y EL CONTROL

Uno de los temores más extendidos, seguramente debido a la ciencia ficción de las últimas décadas, es que la IA se vuelva demasiado poderosa y quede fuera de control para las personas. Mensajes como los de Yuval Noah Harari,[21] quien afirma que la IA es un riesgo para la humanidad y que, si no la controlamos, ella nos controlará a nosotros, son creadores de pensamiento, apuntan escenarios apocalípticos y no permiten reflexionar sobre lo que realmente es la IA.

Es cierto que el desarrollo de la IA puede generar nuevas vulnerabilidades y riesgos, como amenazas de ciberataques o manipulación de algoritmos, pero es clave no asignar a la IA atributos que no tiene. Estos algoritmos, en su forma actual, no tienen la capacidad de tomar decisiones en el sentido humano, como proceso polifacético que tiene en cuenta los factores cognitivos, emocionales, sociales y ambientales, a

---

21. "Yuval Noah Harari Argues that AI Has Hacked the Operating System of Human Civilization", *The Economist*, 28 de abril del 2023 (consulta: 06/10/2024).

pesar de que sí están programados para dar respuestas ante ciertas preguntas o estímulos. Se trata de modelos de lenguaje que generan respuestas basadas en patrones que han aprendido según los datos con los que se han entrenado. Pueden ofrecer respuestas contextualmente relevantes y aparentemente tomar decisiones en el diálogo, pero solo se trata de una probabilidad estadística en función de lo que se les pregunta. En resumen, estos algoritmos no tienen conciencia, ni intenciones, ni capacidad de toma de decisiones autónomas como las personas.

Y a pesar de la naturaleza de los algoritmos, hay que trabajar en el control de la IA, así como minimizar los usos inadecuados desde un punto de vista del bien común. La Comisión Europea ha trabajado en la Ley de la IA, que es fundamental para garantizar la fiabilidad y la seguridad de estos sistemas, especialmente ante los riesgos que pueden comportar ciertas aplicaciones. Esta legislación aborda la necesidad de regular las prácticas para evitar resultados no deseados, como por ejemplo decisiones injustas o discriminatorias. Además, proporciona una estructura clara para los desarrolladores e integradores, estableciendo requisitos y obligaciones específicos para las diferentes categorías de sistemas de IA. La Comisión Europea ha querido liderar esta iniciativa para posicionar Europa como líder en el desarrollo de una IA de fiar, protegiendo los derechos fundamentales de los ciudadanos e implicándose en la creación de un marco regulador que promueva la confianza en esta tecnología. Su voluntad es, no solo garantizar la seguridad y los derechos de las personas, sino también impulsar la innovación y la competitividad en el uso y el desarrollo de la IA en todo el continente europeo.

SESGOS Y POTENCIACIÓN DE LAS DESIGUALDADES

La IA puede ser muy precisa en la ejecución de ciertas tareas o resultados, pero está sujeta a sesgos inherentes a los datos de entrenamiento, y puede cometer errores, como falsos positivos o negativos en su resultado. ¿Quién asume los errores o los malos resultados?

Cuando se considera la aplicación de la IA en entornos industriales o de consumo, se puede dar el dilema del coche autónomo, el cual plantea importantes cuestiones éticas. En situaciones de emergencia, en un accidente inminente, ¿cómo actúa el coche autónomo ante diferentes opciones, *a priori* todas ellas con consecuencias negativas? Esta actuación debe trabajar para equilibrar la seguridad de los pasajeros, la de los peatones, la de otros vehículos, entre otros. ¿Quién puede decidir cuáles serán las prioridades de la actuación? ¿El propietario del coche, el fabricante del vehículo, el programador de la IA?

Los datos que se usa en el entrenamiento de herramientas como el ChatGPT o el BERT son libros, artículos de noticias, sitios web, foros de discusión, redes sociales y otros contenidos en línea, todos abiertos en internet. Este proceso provoca que las respuestas muestren los mismos sesgos presentes en los datos con que se han entrenado. Encontramos sesgos de género, de base cultural, o se puede reflejar estereotipos sociales en función del grupo de personas basados en raza, nacionalidad o religión, o incluso sesgos vinculados a dialectos de determinadas lenguas. ¿La IA provocará una brecha todavía más grande entre los poderosos y los no poderosos? El trabajo habitual con resultados con sesgo, descrito anteriormente, nos lleva a una potenciación de estas desigualdades. La equidad es, pues, otro aspecto clave a considerar. Es crucial implementar algoritmos y sistemas de IA que sean imparciales y no discriminatorios y que aseguren una distribución equitativa de los beneficios y las oportunidades.

PRIVACIDAD

La IA requiere una cantidad cada vez más grande de datos personales, hábitos de navegación, preferencias e incluso

24

datos biométricos para su entrenamiento más exhaustivo. Nos encontramos en una época de recopilación masiva de datos. La privacidad es la preocupación principal, puesto que la IA puede analizar estas enormes cantidades de datos personales, que pueden ser explotadas con fines no deseados, respondiendo a intereses de empresas privadas o para la manipulación de la información y la generación de *deepfake*.[22]

La preservación de nuestra privacidad es hoy algo muy difícil. A menudo se regalan los datos personales, sin una conciencia plena de este hecho. Este entorno tecnológico omnipresente hace que la gestión y la protección de la información personal se hayan convertido en cuestiones críticas que requieren una regulación adecuada y una mayor conciencia por parte de los usuarios sobre cómo sus datos son recopilados, almacenados y utilizados. La distopía que se vivía en *1984* de George Orwell a través del Gran Hermano se ha visto superada por la realidad.

Se pueden enumerar varios casos. Primero, los datos personales, como por ejemplo hábitos de navegación, preferencias y datos biométricos, son utilizados para entrenar algoritmos de IA, los cuales pueden generar predicciones y prescripciones que impactan directamente en la vida de las personas. Sin una protección adecuada, estos datos pueden ser utilizados de manera indiscriminada, poniendo en riesgo la privacidad y la seguridad de los individuos. Un ejemplo tangible es la recopilación masiva de datos para la segmentación de publicidad en línea. Las empresas pueden utilizar datos detallados sobre los usuarios para orientarlos con anuncios personalizados, violando su privacidad y manipulando sus decisiones de compra. Además, en ámbitos más sensibles como la salud o las finanzas, la divulgación no autorizada de estos datos puede tener repercusiones graves para la seguridad y el bienestar de las personas.

22. HAN, Byung-Chul. *Infocràcia: La digitalització i la crisi de la democràcia.* Barcelona, La Magrana, 2022.

25

Para preservar la privacidad de los datos en un contexto de IA, es necesario implementar políticas e iniciativas que protejan los derechos de los individuos. Esto puede incluir la promulgación de leyes de privacidad más estrictas, como el Reglamento General de Protección de Datos (RGPD) de la Unión Europea, que establece normas claras sobre la recopilación y el uso de los datos personales. Además, las empresas y los gobiernos deben ser transparentes sobre cómo recogen, almacenan y utilizan los datos y asegurarse que los usuarios tengan control sobre su información y puedan dar su consentimiento de manera informada. La educación de los usuarios sobre la importancia de la privacidad de los datos y las herramientas disponibles para protegerla también es fundamental para garantizar que las personas puedan preservar su privacidad en un entorno cada vez más digitalizado e impulsado por la IA.

DEPENDENCIA DE LA IA

¿Se llegará a un punto en que se confiará tanto en la IA para resolver tareas y problemas que se reducirá la capacidad humana de pensar de forma autónoma y de tomar decisiones sin su asistencia? Ya se observan ejemplos de esta dependencia tecnológica hoy en día, como el uso de asistentes virtuales, algoritmos de recomendación y sistemas de navegación inteligentes. El punto más delicado de esta dependencia es que puede afectar a nuestro razonamiento crítico y nuestra capacidad de resolución de problemas. Parece bastante claro que nuestro cerebro, cuando delega ciertas funciones, tiende a reutilizar con otra finalidad la región cerebral que se ha liberado.[23] No necesariamente tiene que ser algo malo, pero hay que ser conscientes de ello y aprender a coexistir, a equilibrar, manteniendo el control y la responsabilidad sobre las propias decisiones.

23. BENASAYAG, Miguel; MEYRAN, Régis. "Humans, not Machines, Create Meaning". *The UNESCO Courier*, 2018.

26

Es cierto que una posible dependencia de la IA está en aumento y esto se hace evidente en muchos aspectos de la vida cotidiana. Por ejemplo, los asistentes virtuales como Siri, Google Assistant o Alexa son por ahora una parte integrada de muchos dispositivos, desde *smartphones* hasta altavoces domésticos. Estos asistentes facilitan tareas simples, como establecer alarmas, buscar en internet o gestionar la agenda, funciones que antes se hacían de manera independiente.

Los algoritmos de recomendación también han pasado a ser una parte fundamental de muchas plataformas digitales, como por ejemplo las redes sociales, los servicios de *streaming* de música y video o las plataformas de venta en línea. Estos algoritmos analizan el comportamiento de las personas y sus preferencias para ofrecerles contenido y productos que consideran que podrían interesarles, influenciando así sus decisiones de consumo.

Esto pone de manifiesto como la IA se ha integrado profundamente en la vida cotidiana de las personas hasta el punto de que a menudo ni se dan cuenta de su influencia. Esto puede ser preocupante, puesto que podría conducir a una disminución de la capacidad de pensar de manera autónoma y tomar decisiones sin su asistencia.

No todos los mitos asociados a la IA tienen una connotación negativa, pero muchos de ellos tienden a exagerar sus capacidades. La realidad es que la IA no siempre mejorará la vida de las personas; a pesar de tener un gran potencial para el avance y la optimización en varias áreas, también presenta desafíos importantes y consecuencias negativas. Es crucial adoptar un enfoque holístico que incluya la transparencia sobre la actividad de la IA, una regulación adecuada, el desarrollo de la ética asociada y un diálogo participativo entre los diferentes actores implicados.

Reflexiones finales

Exponemos unas últimas reflexiones, a través de tres ideas, a modo de síntesis de conceptos se han ido trabajando en este capítulo.

LOS ALGORITMOS NO TIENEN CONCIENCIA NI LIBRE ALBEDRÍO

El término "Inteligencia Artificial" puede ser engañoso en relación con las capacidades reales de esta tecnología. A menudo se asocia con la idea de replicar la inteligencia y el pensamiento humanos, cosa que es una pretensión constante y, de alguna manera, su motivo de aparición. Aun así, los algoritmos actuales de la IA no tienen una comprensión ni un pensamiento como los humanos; más bien, se basan en modelos de lenguaje para generar respuestas según los patrones que han aprendido a partir de los datos con que se han entrenado. En cada etapa de la evolución de la IA, se han mejorado sus capacidades y se han hecho más transparentes sus limitaciones y el funcionamiento interno de los algoritmos. Los sistemas expertos, que se basan en la definición de reglas para generar resultados, proporcionan una visión del mundo desde la perspectiva del programador y ofrecen cierta transparencia en su funcionamiento. Los sistemas estadísticos, en cambio, utilizan modelos para inferir el conocimiento y comprender su funcionamiento. En el caso de las redes neuronales, su funcionamiento interno puede ser opaco, pero pueden generar respuestas contextualmente relevantes y parecer tomar decisiones en el contexto del diálogo. En resumen, ninguno de estos algoritmos tiene conciencia, ni sentido de trascendencia, ni libre albedrío, ni intenciones, ni capacidad de toma de decisiones autónomas como las personas.

SUPERVISIÓN Y CONTROL DE LA TECNOLOGÍA

El Papa Francisco ha hablado de la preocupación que le genera el desarrollo de tecnologías vinculadas a la Inteligencia Artificial y de la necesidad de abordar los riesgos éticos y sociales vinculados a su adelanto y a su aplicación.[24] Apunta a los posibles intereses vinculados a su desarrollo y cómo esta tecnología puede aumentar las desigualdades y promover los conflictos, en lugar de mejorar la calidad de vida de la humanidad. Es necesario crear organismos que examinen las cuestiones éticas relacionadas con la IA y marquen líneas rojas respecto a las personas —la libertad, la percepción de la realidad— y apoyen el desarrollo de la legislación que la regule, y trabajen para garantizar una aplicación responsable y ética.

LA IA AL SERVICIO DE LA EFICIENCIA Y LA MEJORA DE LA VIDA

Es crucial fomentar el pensamiento crítico sobre el papel y la influencia de las herramientas tecnológicas como la IA en nuestra vida cotidiana. Es esencial ser conscientes de los límites y posibilidades de estas nuevas tecnologías para hacer un uso eficiente y mejorar la calidad del trabajo. Un diálogo público y la legislación sobre el rol y el impacto de la tecnología es urgente, puesto que lo que vemos actualmente es solo una pequeña parte de su potencialidad.

Nos encontramos en un momento crucial en el que la Inteligencia Artificial no solo es una realidad presente, sino que también se perfila como un motor de transformación con muchas más potencialidades que influirá profundamente en nuestras vidas. Ante un futuro cada vez más interconectado y digitalizado, es esencial que mantengamos un diálogo abierto sobre las implicaciones de esta tecnología. Una comprensión más clara del funcionamiento de la IA nos permitirá no solo desmontar los mitos que le rodean, sino también asegurarnos de que su desarrollo se dirige hacia un uso ético y responsable.

___

24. Discurso del Santo Padre Francisco sobre Inteligencia Artificial en la sesión del G7 (13-15 de junio de 2024). "Partecipazione del Santo Padre Francesco al G7 a Borgo Egnazia (14 giugno 2024)". <vatican.va> (consulta: 06/10/2024).

29

La capacidad de las máquinas para simular funciones humanas nos cuestiona la esencia de nuestra propia humanidad y es fundamental tener claro el rol que queremos que la IA juegue en la construcción del mundo.

IMPLICACIONES SOCIALES, POLÍTICAS Y ECONÓMICAS DE LA INTELIGENCIA ARTIFICIAL

Ricardo Mejía

Introducción: un cambio de era

Cuando hablamos de Inteligencia Artificial (en adelante mencionada como IA) no podemos sino constatar un cambio de era, que, si bien había sido un pronóstico en las últimas décadas, ahora se ha convertido en una realidad.

La IA representa un cambio profundo de la sociedad, la política y la economía por diversas razones, ya que está transformando la forma en la que vivimos, trabajamos y nos socializamos con la tecnología de un modo que hace décadas parecía solo ciencia ficción. Para comprender por qué la IA supone ese cambio de era, es importante ver cómo las predicciones hechas hace cincuenta años están conectadas con los avances actuales.

En cuanto a los pronósticos de una nueva era tecnológica: hace cincuenta años, durante las décadas de 1960 y 1970, muchos tecnólogos anticipaban ya el potencial de las máquinas para resolver problemas complejos e imitar funciones cognitivas humanas. Entonces, se imaginaba que las máquinas podrían llegar a entender el lenguaje, jugar al ajedrez mejor que los humanos y tomar decisiones de una forma más inteligente y rápida. Una de las predicciones más destacadas de esa época fue la de Marvin Minsky, uno de los pioneros de la IA, quien dijo en 1967 que las máquinas con inteligencia humana podrían existir en un plazo muy breve de tiempo. Aunque esta predicción fue demasiado optimista, establecía una visión de futuro que todavía perdura y que, al menos en el actual volumen de datos que mueve la IA, se está cumpliendo bastante en los últimos años.

Esto se nota en los adelantos tecnológicos actuales dado que los últimos cincuenta años han sido un periodo de desarrollo progresivo y acelerado en el campo de la IA. Los adelantos en computación, como la potencia de procesamiento, el almacenamiento masivo de datos y los algoritmos sofisticados, han permitido que las máquinas logren capacidades que antes solo eran el fruto de la imaginación. Hoy en día la IA puede procesar el lenguaje natural (como se ve en las interfaces de conversación), así como también captar imágenes y patrones con precisión (por ejemplo, en diagnóstico médico y vehículos autónomos), e incluso generar contenido en arte y música que, si bien se duda que sea *creativo* (con todo lo que este término implica), es, cuando menos, innovador. La novedad, pues, se encuentra en la IA generativa. ¿Pero es esta generación sinónimo de creación inteligente, tal como un ser humano puede hacerlo? Pienso que no. Más bien, *tendríamos, en la línea de Salvi y Sing, tres tipos de IA, entre los cuales solo una es factible en el momento presente.*

La IA general se define como aquella que logrará (en futuro todavía) un pleno nivel humano de función cognitiva, en una gran variedad de dominios y de manera pluricontextual, lo cual hace que todavía sea solo un concepto teórico. En segundo lugar, encontramos la defensa de una superinteligencia artificial (como lo hace el filósofo Nick Bostrom), según la cual el sistema sería capaz de superar todas las capacidades humanas, incluyendo la toma de decisiones y la superación de las capacidades humanas naturales; incluso incluiría la superación al establecer relaciones emocionales. En cambio, la IA estrecha resuelve un solo problema y sería capaz de

32

ejecutar una tarea específica de manera satisfactoria, funcionando con un conjunto limitado de parámetros. Por eso se denomina inteligencia artificial o ajustada.

No tenemos que confundir toda IA con el optimismo más exagerado y distópico. A pesar de que la IA todavía no ha llegado a ser una "inteligencia general" como la humana (es decir, una IA capaz de aprender, adaptarse y realizar cualquier tarea cognitiva, volitiva y afectiva), en tareas muy particulares sí ha superado al ser humano. Por ejemplo, el algoritmo Alpha-Go de DeepMind derrotó a una persona (un campeón mundial de go) en un juego que se consideraba imposible de dominar por una máquina hace tan solo unos pocos años. Las máquinas han superado los humanos en tareas como reconocimiento de voz, clasificación de imágenes y predicciones de patrones, pero no lo hacen en el ahondamiento (*coping*) en el mundo, la empatía y el amor.

Actualmente, la IA está cambiando sectores de primer nivel como la sanidad, la educación, el transporte y la misma industria. Su capacidad de automatizar tareas complejas, analizar grandes volúmenes de datos y tomar decisiones en tiempo real está abriendo la puerta a un futuro donde la productividad y la creatividad humanas se vean potenciadas, pero también desafiadas por las nuevas tecnologías. Es por eso por lo que se habla de un cambio de era: la revolución digital, liderada por la IA, tiene el potencial de reestructurar en gran medida nuestras sociedades, economías y las diversas vías en las cuales el poder circula a través del tejido de interrelaciones humanas.

Este cambio de era también plantea problemáticas crecientes. Hace cincuenta años, los debates sobre la IA eran puramente académicos, pero hoy nos enfrentamos a preguntas reales sobre su impacto en el mercado laboral, las nuevas formas de socialización, la privacidad, la seguridad y la legitimidad del poder. Por eso se tiene que advertir sobre los peligros de una IA descontrolada que se utilice con fines de control, manipulación y extensión de la mentira. También hay preocupaciones sobre la sustitución de trabajos típicamente humanos (lo cual ha pasado siempre que ha habido un adelanto tecnológico) y las desigualdades sociales que pueden surgir de una adopción masiva de la tecnología.

Hace medio siglo, las predicciones sobre la IA se basaban en una mezcla de optimismo e imaginación, pero la tecnología ha evolucionado hasta un punto donde está transformando nuestra realidad a escala global, cambiando así la trama social y las relaciones de poder tanto de cariz político como económico. Si bien las previsiones no siempre fueron precisas, lo que se ha conseguido hoy supera muchas expectativas: la IA no solo es una herramienta, sino una fuerza transformadora que define nuestra época, con implicaciones profundas para todos los aspectos de nuestra vida. El reto actual es asegurar que el uso de la IA esté alineado con los principios y valores éticos, así como promover la corresponsabilidad de todo el mundo, tanto a nivel personal como institucional.

La ideología computacionalista en la base de la IA

En el origen de una comprensión desproporcionada e ilimitada de la IA se encuentra, sin ningún tipo de dudas, el computacionalismo. La relación entre esta ideología y la IA es fundamental en cuanto a la comprensión del ser humano, especialmente en el ámbito de la cognición y el pensamiento abstracto. El computacionalismo es una teoría que defiende que la mente humana funciona de manera análoga a un ordenador, es decir, que los procesos mentales se pueden entender como cálculos o procesamientos de información. Esta idea ha sido clave en el desarrollo de la IA y continúa influyendo en la forma en que se conciben tanto los sistemas de IA como la propia naturaleza humana.

Así pues, y a pesar de que suene sorprendente, el computacionalismo afirma que la mente humana es esencialmente

34

un sistema de procesamiento de información que sigue reglas y operaciones análogas a las que utilizan los ordenadores. Es muy llamativo que, según esta ideología, el ser humano se explique no por él mismo sino a partir de una producción suya. Esta visión considera que los procesos mentales, como el pensamiento, la memoria o el lenguaje, son funciones de cómputos, y que la conciencia se podría llegar a simular mediante máquinas suficientemente sofisticadas. Si llegáramos a tener un *hardware* de altas capacidades (se hace la analogía con el cuerpo), podríamos llegar a soportar el mejor *software* mental.

Según esta asimilación ciega del ordenador al ser humano, el cerebro humano procesa información de una manera similar a como lo hacen los algoritmos, utilizando *inputs* (sensaciones, experiencias) para generar *outputs* (pensamientos, decisiones). De este modo, los computacionalistas creen que, en teoría, si somos capaces de entender completamente cómo el cerebro procesa información, podríamos replicar estos procesos con sistemas informáticos parecidos. No tienen en cuenta que el cerebro y el ser humano es un sistema viviente muy diferente al ordenador: es un sistema autopoyético irreducible.

Para gran parte de exponentes de la IA, especialmente en la vertiente extrema transhumanista y posthumanista, esta tecnología es una aplicación directa de las ideas computacionalistas. En la IA, pues, se desarrollan sistemas que intentan replicar funciones de la mente humana, como el reconocimiento de patrones, la resolución de problemas o la comprensión del lenguaje. La IA se inspira en la idea que el cerebro se puede modelar mediante sistemas algorítmicos, y esto se ha materializado en tecnologías como las redes neuronales artificiales y los algoritmos de aprendizaje automático.

En vez de una IA inspirada en el ordenador, propongo una IA bioinspirada. Un ejemplo que nos puede llevar a un debate más álgido es el procesamiento de lenguaje natural, como el que hacen sistemas como los asistentes de voz. Estos

35

sistemas intentan imitar la manera en que los humanos generan lenguaje, pero no *comprenden los fonemas emitidos*. Procesan información analizando grandes cantidades de datos y respondiendo a estímulos de forma parecida a la inteligencia, pero solo bajo la forma de una imitación mecánica sin *significado* (*meaning*). Una IA bioinspirada trabajaría de manera diferente, sabiendo, en primer lugar, que la vida humana es más que la conjunción de dispositivos físicos y de bits numéricos tal como lo hace un ordenador. El significado que constituimos y que experimentamos en la vida es el resultado de un proceso encarnado irreducible, en el cual nuestro organismo se adentra en el mundo y se deja también modelar por el ambiente natural, social, político y económico.

A pesar de que la IA basada en el computacionalismo presume de haber conseguido éxitos impresionantes en el reconocimiento de patrones, en la resolución de problemas o en el aprendizaje autónomo, hay que subrayar límites importantes en esta comparación entre el cerebro y el ordenador. El cerebro humano no es una máquina digital; su estructura biológica y sus procesos químicos y eléctricos son mucho más complejos que los circuitos de un ordenador convencional. Además de esto, he criticado en otras ocasiones el llamado *centrismo cerebral*, el cual pone todo el peso de la cognición humana en el cerebro. Si bien no deja de ser el sistema central, este órgano, el sistema nervioso, se encuentra ramificado por todo el cuerpo: se dice, incluso, que en los intestinos humanos podríamos tener una cantidad de neuronas parecidas a las de un gato.

Otro de los puntos críticos del computacionalismo es el hecho de que la conciencia y otros aspectos cualitativos de la mente humana, como las emociones o la misma autoconciencia, no pueden ser fácilmente explicados solo como procesamiento de información. La IA, hasta hoy, no ha sido capaz de reproducir realmente la conciencia o la experiencia subjetiva humana, un punto que muchos filósofos (como por ejemplo John Searle) consideran insuperable dentro del marco puramente computacional.

La IA nos obliga a repensar la naturaleza y la eticidad del ser humano. Si la inteligencia humana se puede simular o replicar en máquinas, ¿qué significa ser humano? ¿Qué hace insustituible a la persona humana? El computacionalismo aporta una visión mecanicista de la mente, cuando es muy patente que no todos los aspectos de la mente humana se pueden reducir a cálculos. ¿Qué responsabilidad se puede exigir a una máquina que no es consciente *stricto sensu*? Si entendemos la mente humana como una máquina computacional, entonces, ¿qué derechos o estatus damos a las máquinas que puedan llegar a mostrar capacidades intelectuales avanzadas? Todas estas cuestiones plantean nuevos retos en el ámbito ético, muy particularmente en el ámbito de la ética biomédica.

La relación entre el computacionalismo y la IA es clave para entender cómo abordamos la naturaleza de la inteligencia humana y cómo intentamos replicarla mediante las máquinas. Sin embargo, la complejidad del cerebro humano, en cuanto que sistema autopoyético irreducible, y la experiencia subjetiva (me gusta denominarla la *experiencia vivida*) ponen en entredicho los límites de la visión que asimila la persona humana a un computador, abriendo nuevos caminos para la reflexión filosófica y tecnológica.

¿Hacia una quinta revolución industrial?

Las cuatro revoluciones industriales han marcado etapas determinantes de transformación social, económica y tecnológica. Cada una de ellas ha supuesto un cambio fundamental en la manera en que la humanidad produce, consume y trabaja. Ahora bien, a pesar de los adelantos rápidos en la IA y otras tecnologías, la quinta revolución industrial, basada en tecnologías convergentes, todavía se percibe como una quimera por varias razones que analizaré a continuación.

La *primera revolución industrial* empezó alrededor de 1760 en Inglaterra. Su característica principal fue la mecanización del trabajo manual a través de la introducción de máquinas como la máquina de vapor. Esto transformó la industria textil y otros sectores, impulsó la producción masiva y cambió profundamente la economía y la sociedad. El impacto fue muy grande con el desarrollo de fábricas, la urbanización y la creación de nuevos puestos de trabajo. También marcó el comienzo de la división del trabajo y la automatización de tareas humanas básicas.

En la primera mitad del siglo xx, la *segunda revolución industrial* estuvo impulsada por la electrificación, la cual permitió mejoras considerables en la producción. De este modo, las industrias adoptaron nuevas tecnologías como el motor eléctrico, el teléfono, la aviación y se pudieron estudiar los procesos químicos avanzados. También se perfeccionó el sistema de la producción en cadena, ejemplificado por el automóvil. Pero hay que preguntarse qué impacto tuvo esta revolución. Tengo que decir que este fue inmenso, con un aumento exponencial de la productividad, el crecimiento urbanístico y una inigualable interconexión global (una persona podía hacer una llamada al otro lado del mundo), que nos llevarán, con el paso de los años, a poder hablar hoy en día de una aldea global. Así pues y gracias a esta revolución, se consolidó el modelo de economía capitalista a escala mundial.

En la segunda mitad del siglo xx, la *tercera revolución industrial,* conocida también como la *revolución digital,* empezó en los años sesenta y setenta con la invención de los circuitos integrados y los primeros ordenadores. Esta fase vio la digitalización de los procesos industriales gracias al uso de la electrónica y la programación avanzada. También se desarrollaron sistemas automatizados que redujeron la necesidad de la fuerza de trabajo humana en muchas áreas. La tercera revolución comportó un impacto muy visible: la aparición de internet y las telecomunicaciones transformó la manera como nos socializamos y como accedemos a la información. Internet ha llevado a una nueva economía global y a la desmaterialización de la producción, dando lugar a empresas basadas en el conocimiento y el *software*.

Muy entrado el siglo XXI vivimos en la *cuarta revolución industrial*. Iniciada en el mismo siglo, está impulsada por la interconexión masiva de dispositivos a través del denominado Internet de las Cosas (IoT), la robótica avanzada y la microelectrónica sofisticada. Hoy en día la interconectividad se hace sinónimo de sociabilidad: las relaciones interpersonales que antes requerían una presencialidad, ahora son mediatizadas y posibilitadas por los varios ámbitos digitales. Consiguientemente, las tecnologías digitales ya no solo permiten conectar dispositivos, sino también a las personas, procesando y analizando grandes cantidades de datos en tiempo real que afectan la toma de decisiones y optimizan procesos de manera automática. Lo que sucede en nuestra revolución es, por lo tanto, una automatización a gran escala, que incluye la invención de coches autónomos, de asistentes virtuales, así como empresas completamente conectadas. El uso masivo de datos (*big data*) y el desarrollo de algoritmos permiten la personalización de productos y servicios. En la cuarta revolución no puedo dejar de mencionar el llamado *metaverso*, el cual implica una inmersión sin precedentes en el mundo virtual que era impensable en el nacimiento de la tercera revolución informática.

A pesar de los pronósticos que se han hecho de que ya estamos entrando en la quinta revolución industrial, pienso que esta nueva etapa todavía es una quimera. Esta revolución, la cual teóricamente estaría basada en tecnologías convergentes como la biotecnología, la nanotecnología, las neurociencias cognitivas y la computación cuántica, se prevé como una etapa donde las máquinas y los humanos llegarían a fusionarse, de tal manera que se acabaría perdiendo lo que es específicamente humano, y esto se ve como un rasgo positivo y progresista.

Pero pese a los adelantos que apuntan hacia esta dirección, hay factores que hacen que esta revolución todavía parezca muy lejana y falta del principio de realidad.

A pesar de que se están haciendo adelantos importantes en campos como la edición genética y la computación cuántica, estas tecnologías todavía no están completamente desarrolladas o integradas de modo que puedan transformar de una forma honda y radical al ser humano. Por ejemplo, la computación cuántica todavía se encuentra en sus primeras fases, con muchas barreras tecnológicas que hay que superar antes de que pueda ser usada de manera generalizada. Por eso, la quinta revolución industrial no solo se basa en la tecnología, sino también en la ideología (normalmente el computacionalismo y el transhumanismo) en la forma en como la sociedad percibe y adopta la perspectiva de un mejoramiento tecnológico de la vida humana a todos los niveles posibles: un término que sintetiza esta esperada revolución es el de *simbiosis*, dado que se persigue una convergencia creciente entre el hombre y la máquina.

Los retos éticos que se asocian a esta quinta revolución, como el uso de datos personales, la privatización del conocimiento genético o la creación de algoritmos potencialmente sesgados, plantean barreras frente a la adopción masiva de las tecnologías convergentes. Además, la cuestión de la desigualdad tecnológica es otro gran obstáculo. La quinta revolución industrial, que parece moverse hacia una condición simbiotista o posthumana, podría exacerbar las diferencias entre ricos y pobres, o, tal vez, entre los países o regiones que tienen acceso en estas tecnologías y aquellos que quedan excluidos.

A pesar de que la IA ha avanzado enormemente en los últimos años, todavía no ha llegado a ser una inteligencia artificial general, es decir, una IA capaz de aprender y adaptarse a múltiples contextos comunicativos, tal y como lo haría un ser humano. La IA que tenemos hoy es excelente en la ejecución

40

(que no en la *realización*)[1] de tareas concretas, pero sus capacidades para entender y gestionar situaciones complejas (y no estructuradas en patrones) son todavía limitadas. Hasta que no se desarrolle una IA general plena, lo cual es muy dudoso porque nuestra inteligencia es el fruto de milenarios de años de evolución, la quinta revolución no logrará todo su potencial. Las posibles antropotecnias que propone el transhumanismo, el cual busca aumentar el ser humano, y aquellas tecnologías que pretenden dejar atrás la persona humana se concretan en proyectos ambiciosos como la criogenización, la hibridación, los cíborgs, el longevismo o, incluso, el transespecismo.

Para que se produzca una quinta revolución industrial verdadera, las tecnologías convergentes tienen que ser, primeramente, factibles (cosa que no parece haberse logrado a estas alturas) y, además, adoptadas e integradas a nivel más amplio en sectores como la sanidad, la educación o la misma industria. Actualmente, muchos sectores de la nanotecnología, las biotecnologías, las ciencias cognitivas y de la información están en fase de experimentación y de adopción inicial de proyectos (como es el caso de la nanotecnología en la producción de tejidos o la terapia contra el cáncer), sin que se haya llegado a un nivel de despliegue ni real ni masivo que provoque un cambio estructural como el que se vio en las anteriores revoluciones.

A pesar de que la quinta revolución industrial apoya la idea de la simbiosis hombre-máquina y es potencialmente arriesgada en cuanto a la integridad de la persona humana, todavía se tiene que percibir como irreal. Ello se debe a que las tecnologías necesarias para llevarla a cabo todavía no han llegado a un desarrollo ni siquiera suficiente. En consecuencia, esta revolución es, por ahora, una promesa de futuro que nos pide cautela y vigilancia, un cierto tecnoescepticismo, para evaluar cómo se desplegará en los próximos años.

1. En el sentido de "hacerse real", es decir, de conocer lo real como real.

La persona y la especie humana se encuentran en riesgo ante la IA

Las tecnologías convergentes, que como he dicho incluyen la inteligencia artificial, la biotecnología, la nanotecnología y la robótica, podrían tener (siempre como posibilidad) el potencial de transformar de manera radical la sociedad y la vida humana. Si bien se podrían usar con una finalidad biomédica, también ponen en riesgo el desarrollo integral de la persona humana. Desde la perspectiva de la ética (prefiero una ética personalista), estas tecnologías también comportan graves desafíos, especialmente en cuanto a la pérdida de la *libertad*, la *identidad* y la *integridad* humanas.

La ética cristiana se fundamenta en la defensa de la dignidad inalienable de la persona humana, creada a imagen de Dios, así como también en la protección de su acción libre y de su autenticidad como ser único e irrepetible. Las nuevas tecnologías pueden ser utilizadas para ejercer un control masivo sobre los individuos a través de la vigilancia, la manipulación de los datos personales, la edición del genoma y la influencia en sus decisiones. De hecho, el uso masivo de datos por parte de los gobiernos o empresas privadas puede convertirse en una herramienta para limitar (u orientar interesadamente) el ejercicio de la libertad individual, permitiendo una monitorización constante que pueda influir en el comportamiento de las personas, reduciendo su capacidad de tomar decisiones conscientes e informadas. Esto choca directamente con la ética, en la cual el ser humano tiene que ser respetado como ser libre y responsable, capaz de tomar sus propias decisiones sin coerción externa y con un nivel de conocimiento apto para determinar la propia acción.

Pienso que se tiene que alertar, pues, sobre los peligros de la tecnología (sin caer en una tecnofobia anacrónica y estéril) cuando se usa para controlar las masas acríticas, subrayando que hay que preservar la libertad humana como condición esencial para lograr tanto un sistema democrático robusto, como una economía al servicio del bien integral de la persona y de la causa común. Además, y cuando la toma de decisiones o la autonomía humana dependen excesivamente de sistemas tecnológicos (por ejemplo, sistemas de IA que determinan opciones médicas o, incluso, judiciales), la acción libre del hombre se ve claramente erosionada. Entonces, la persona humana corre el riesgo de convertirse en un simple receptor de órdenes tecnológicas, cosa que mengua su capacidad para decidir en plena conciencia y autodeterminación. No hay que ser receptores o simples espectadores en el sistema democrático sino verdaderos actores coimplicados en el desarrollo de la sociedad.

Además de esto, las tecnologías convergentes que he mencionado, especialmente en el ámbito de una biotecnología conformada según los propósitos de la ideología transhumanista, pueden afectar profundamente la identidad humana. La posibilidad de modificar los genes, de aumentar el cuerpo con implantes tecnológicos o, incluso, de llegar al escenario distópico de transferir la conciencia a las máquinas (el llamado *uploading*) puede diluir la noción tradicional de lo que significa e implica ser humano. El movimiento transhumanista defiende que las tecnologías tienen que permitir superar las limitaciones biológicas del hombre para modificar sustancialmente su naturaleza, acabar con el determinismo natural y llegar a una plena fusión con las máquinas como vía de emancipación.

Muchos transhumanistas protestan contra la llamada *lotería biológica* natural, la cual no tiene que ser, por el simple hecho de ser natural, intocable e incuestionable. El hombre puede decidirlo todo, incluso cambiar su constitución biológica. Esta visión, deudora de un liberalismo llevado contra sus términos, puede llevar a la pérdida de la identidad esencial de la persona, puesto que la noción de la persona como un ser único y comunicable en su conciencia y libertad se ve rotundamente malograda. Desde el punto de vista de la ética cristiana, esta idea es peligrosa, puesto que ignora la dimensión espiritual del ser humano y reduce la persona (y la misma inteligencia) a un conjunto de funcionalidades biológicas que se fusionan con las tecnológicas: al computacionalismo que comentaba al principio se une el neurobiologicismo que reduce la persona a su cerebro. Pero el ser humano es más que materia y disfruta de una dignidad inviolable, la cual no se subordina a sus capacidades físicas o cognitivas.

Los intentos más osados de reconfigurar el ser humano por medio de una aplicación invasiva de la tecnología implican el riesgo de deshumanizarlo. Por otro lado, las tecnologías convergentes en el ámbito de la genética permiten modificar el ADN humano (un caso a mencionar es el CRISPR-Cas9, que puede modificar una cardiopatía congénita). Este adelanto plantea cuestiones sobre aquello que individúa a una persona, es decir, que hace que sea un *quien* y no un simple *qué*. ¿La individuación es puramente material o es también algo espiritual? Si los genes de una persona pueden ser alterados a capricho y esto cambiará la vivencia del embrión que se desarrollará, ¿qué significa ser auténticamente humano? Desde la ética cristiana, hay que decir que la persona es creación de Dios, en una identidad dual de cuerpo y espíritu, de tal manera que su identidad no se puede modificar arbitrariamente sin perder de vista la prevalencia de su esencia y de su origen divino.

Queda claro, pues, que el uso de tecnologías convergentes podría también poner en peligro la integridad de la persona, tanto a nivel físico como espiritual. La ética cristiana defiende la integridad del ser humano como unión de corporalidad y espiritualidad, de tal manera que cualquier manipulación tecnológica que rompa esta unidad puede comprometer nuestra vida específicamente humana. La persona humana no es solo un cuerpo biológico susceptible de ser modificado o aumentado. La unidad irreducible entre cuerpo y espíritu nos hace falta para comprender y expresar nuestra naturaleza integral. Cuando la tecnología entra en conflicto con esta integridad —por ejemplo, a través de implantes que alteran la conciencia humana o tecnologías que modifican el cuerpo por razones puramente esteticistas—, corremos el riesgo de pensar que podemos redibujar nuestra esencia y nuestra realidad creatural y filial.

Pienso que cualquier intervención tecnológica en el cuerpo tiene que respetar nuestra integridad y no se puede desmembrar de la persona humana unitaria a través de una desconexión ideologizada de la dimensión espiritual. A medida que las tecnologías convergentes se centran en mejorar la condición física y cognitiva del ser humano, a menudo dejan de lado que la persona es algo más que materia, lo cual se manifiesta fenomenológicamente en que la persona busca un sentido pleno y una salvación para su vida. Somos *seres trascendentes*. La tecnología no puede sustituir la trascendencia por sus proyectos, estrategias, enseres y utensilios: la trascendencia es crucial para la *realización plena* del ser humano. Perder esta dimensión, tan central en la persona, puede comprometer que esta no se llegue a realizar nunca como tal, pese a sentirse llamada a una relación personal con Dios y con las otras personas.

Desde una perspectiva ética no se tiene que rechazar la tecnología *per se* (mi postura es la de una tecnofilia crítica), sino que se aboga por un uso que esté al servicio del bien integral de la persona, de la sociedad y de la causa común. Las tecnologías convergentes, utilizadas de manera responsable en función de este bien tan poliédrico, pueden mejorar la vida humana y dignificarla de manera contundente. Por eso, la tecnología está al servicio de la persona y no al revés, de tal manera que, desde la ética, defiendo que la tecnología tiene que estar subordinada a una noción, realidad y vivencia del bien no sesgadas. Cuando las tecnologías convergentes toman un rol dominante y, políticamente hablando, de control y manipulación, la persona puede verse reducida a una pieza del sistema tecnológico (el cual responde a un sistema social y político más amplio), perdiendo así su plena autonomía y viéndose limitada en aquello que la hace propiamente humana.

Por eso, la tecnología tiene que estar guiada por criterios, principios y valores éticos que pongan en primer lugar a la persona en armonía con el medio natural, social y político. Las tecnologías convergentes que he tratado, aun ofreciendo grandes promesas de progreso, no son más que una tierra prometida a la cual todavía no hemos llegado, y comporta importantes riesgos para la libertad, la identidad y la integridad de la especie humana y de sus individuos. Desde la perspectiva de la ética, creo que estas tecnologías tienen que ser utilizadas con discernimiento y responsabilidad, siempre tomando como meta el servicio de nuestro bien integral. La persona humana, en cuanto que *imago Dei*, no puede ser reducida a un conjunto de datos o de partes mecánicas, ni sometida a manipulaciones ejercidas por los poderes fácticos y las estructuras dominantes. Así pues, el uso ético de la tecnología, pero también su creación y su diseño ético, tiene que preservar la libertad individual, respetar la identidad única de cada persona y garantizar su integridad espiritual y corporal como criatura de Dios.

Política e IA: una relación controvertida

El uso de la IA por parte de los poderosos, ya sean gobiernos o grandes corporaciones, puede tener implicaciones significativas sobre la libertad individual desde el punto de vista de la neuropolítica. La neuropolítica es una disciplina que explora cómo los procesos neurocognitivos influyen en el comportamiento político, así como las tecnologías pueden manipular las emociones y las decisiones de los ciudadanos a gran escala.

De este modo, la neuropolítica es una disciplina que combina elementos de las neurociencias, la psicología, la ciencia política y la IA para comprender cómo los procesos neurobiológicos influyen en el comportamiento político de los individuos y las masas, así cómo las decisiones políticas tomadas por los gobernantes. En otras palabras, la neuropolítica estudia las conexiones entre los mecanismos cerebrales y las actitudes políticas, incluyendo las preferencias ideológicas, la toma de decisiones colectiva y la influencia que ejercen los medios de comunicación y la propaganda presente en la sociedad y en la IA sobre las emociones y cogniciones.

Así pues, la neuropolítica se fundamenta en la idea que nuestras emociones, percepciones y respuestas políticas no son solo el resultado de la experiencia o la cultura, sino que también están influenciadas por estructuras neuronales y patrones de funcionamiento cerebral que intervienen en procesos como el miedo, el rechazo, la confianza o la simpatía hacia ciertos líderes, discursos, ideologías y patrones. La IA, combinada con el *big data*, ofrece a los poderosos la capacidad de monitorizar, manipular y prever las acciones y decisiones de las personas, a menudo sin su consentimiento consciente. Esta capacidad puede comprometer la libertad individual en varios aspectos:

MANIPULACIÓN DE LA INFORMACIÓN Y DEL COMPORTAMIENTO

Las plataformas digitales alimentadas por IA pueden personalizar el contenido que recibe cada persona, influenciando su percepción de la realidad política y social. Mediante algoritmos diseñados para captar la atención y fomentar determinados comportamientos, se puede manipular la opinión pública y polarizar la sociedad. Desde la neuropolítica, esto se puede entender como una forma de manipulación cognitiva. Es decir, las personas se ven influenciadas en sus decisiones políticas a partir de la información que reciben de manera parcial o sesgada, haciendo difícil que tomen decisiones libres y adecuadamente informadas.

CONTROL SOCIAL Y VIGILANCIA MASIVA

Los gobiernos pueden utilizar la IA para implementar sistemas de vigilancia a gran escala, controlando las actividades de la población con el uso de cámaras, sensores y el rastreo digital. En países con regímenes autoritarios, estos sistemas pueden conducir a una pérdida completa de la libertad individual, puesto que cualquier disidencia o comportamiento que no encaje con las normas establecidas pueden ser detectados y reprimidos de manera automática. En este contexto, la libertad se ve comprometida porque las personas pueden modificar su comportamiento para evitar la vigilancia constante, limitando así su autonomía.

PREDICCIÓN Y PREVENCIÓN DEL COMPORTAMIENTO

Las capacidades predictivas de la IA pueden identificar patrones de comportamiento y decisiones futuras de las personas basándose en sus datos anteriores. Esto puede ser usado para diseñar políticas que, de una manera sutil, limiten las opciones individuales antes incluso de que las personas puedan tomar una decisión. Este tipo de control predictivo erosiona la libertad individual porque impide que las personas ejerzan su capacidad de decisión libre y responsable, sustituyéndola por un sistema en que las elecciones están predefinidas por el algoritmo.

Conclusión: hacia un nuevo marco ético no-tecnofóbico

Hay que establecer un marco ético no-tecnofóbico y unos principios para llevar a cabo una crítica sociopolítica de la IA, ante las diferentes amenazas a la dignidad de la persona humana. Estos principios pueden ser compatibles con la tecnofilia crítica que defiendo en esta publicación.

En primer lugar, quiero abordar la *trazabilidad y la rendición de cuentas*, según la cual resulta esencial que los sistemas de IA sean transparentes en su funcionamiento, en los pasos procesuales y en los datos que utilizan. Bajo esta rúbrica, estoy convencido de que las personas tienen derecho a saber cómo, por qué y para qué son utilizados sus datos más sensibles, así como a tener la capacidad de cuestionar las decisiones algorítmicas. Este principio asegurará, por lo tanto, que haya una mayor publicidad (según la filosofía del derecho kantiana) y una más firme corresponsabilidad en el uso, creación y diseño de la IA, especialmente cuando pone en riesgo severo los derechos fundamentales.

En segundo lugar, quiero hacer notar la importancia de *respetar la libertad individual*. En efecto, la libertad de las personas no puede ser sacrificada en nombre de la eficiencia tecnológica. La IA no es un fin en ella misma sino un medio en función del hombre, el cual, como afirmaba Kant, es el *fin último de la existencia del mundo*. Esto significa que en el uso, la creación y el diseño de la IA se tiene que respetar el derecho de las personas a tomar decisiones autónomas, sin que sean manipuladas por tecnologías o proyectos políticos, del signo que sean, que las condicionen. Este respeto implica también evitar emplear la IA para conseguir una vigilancia personal, colectiva e institucional, como el panóptico de Bentham, que vulnere nuestra intimidad y la privacidad.

En tercer lugar, considero verdaderamente imprescindible, como sucede en la bioética, el principio del *consentimiento informado*, según el cual las personas tienen que ser conscientes de cómo se recogen y se utilizan sus datos, así como de las diferentes estrategias que guían su recolección. El consentimiento informado significa que los usuarios pueden decidir libremente si quieren participar en sistemas que utilizan IA, y tienen que poder retirar este consentimiento en cualquier momento. No puede ser que nos estén rastreando continuamente al margen de nuestro conocimiento.

Además, y, en cuarto lugar, quiero establecer el principio de la *no discriminación* y de la *equidad*, que me parece básico en una sociedad democrática madura. Los sistemas de IA a menudo perpetúan sesgos que afectan a los grupos más vulnerables de la sociedad. Desde una crítica política de la IA, en la cual he situado la transdisciplina neuropolítica, es fundamental que se trabaje para eliminar la toma de decisiones discriminatoria que refuerza las desigualdades sociales y las coacciones políticas, puesto que el uso de algoritmos puede aumentar que se haga acepción de personas (en nombre de la etnia, el estamento social, el nivel de ingresos, la lengua, etc.) en sectores muy delicados como la justicia, la ocupación o el acceso a los recursos básicos.

En sintonía con la neuropolítica creo que es saludable, en quinto lugar, poner *límites a la vigilancia tecnológica*. La IA no tiene que ser empleada para crear estados que nos monitoricen ni para modelar el comportamiento de las personas. Se tienen que establecer, entonces, mecanismos políticos, preferentemente intervencionistas, a fin de evitar que los gobiernos, los partidos mayoritarios o los imperios empresariales utilicen la IA para restringir los derechos fundamentales o para implementar sistemas que inhiban el sentido crítico o la protesta social. Más bien la IA tiene que fomentar una cultura crítica y favorecer la libre expresión o manifestación en las redes.

En cuanto a los *derechos digitales que emanan de la integridad de la persona*, la IA tiene que proteger, en sexto lugar, el bien integral de la persona humana en el mundo digital y en el mundo natural. Esto implica reconocer que el ser humano no es un simple objeto de datos ni una combinación de patrones predecibles, sino un ser personal con dignidad, libertad y capacidad de tener conciencia y acción morales. Las tecnologías digitales, en vez de limitarlos, tienen que poner los derechos fundamentales cada vez más al alcance de la población.

Por eso y en séptimo lugar, la *participación democrática en la gobernanza de la IA* es totalmente clave puesto que las decisiones sobre cómo se usa la IA no pueden ser monopolizadas por las élites tecnológicas, los grandes patrones de las empresas ni tampoco por los gobiernos o partidos dominantes, sino, más bien al contrario, tienen que ser sometidas a un proceso democrático real. La IA tiene que permitir una información y una participación más directa en su propio control, de suerte que sus usuarios vean y decidan cómo estas tecnologías afectan sus vidas, especialmente cuando tienen implicaciones sobre su libertad y bienestar.

Finalmente, no puedo sino concluir que la IA, cuando es utilizada por los poderosos sin un control adecuado, puede poner claramente en peligro la libertad individual, la identidad más profunda y la integridad de la persona humana. Desde la perspectiva de la neuropolítica, que he tratado, este proyecto tecnológico puede influir en el comportamiento y las decisiones de las personas, hasta el punto de condicionar sus opciones de manera tácita. Una crítica sociopolítica de la IA, en conclusión, tiene que basarse en principios que aseguren que la IA se desarrolle de forma que proteja y garantice la integridad de la naturaleza humana y los derechos fundamentales de todas y de cada una de las personas, en vez de convertirlas en las piezas y en las herramientas de altos intereses manipuladores. Controlemos, pues, la IA por nosotros mismos y a nuestro servicio, antes de que lo haga con nosotros.

HACIA UNA ALGORÉTICA. CUESTIONES ABIERTAS

Francesc Torralba

¿De qué hablamos cuando hablamos de algorética? ¿Se trata de una nueva ética aplicada? ¿Es una rama de la tecnoética? ¿Tiene futuro? ¿Es una moda? ¿Por qué crece la literatura especializada sobre esta temática? ¿Quiénes son los responsables de su elaboración? ¿Moralistas? ¿Ingenieros? ¿Juristas?

Entendemos por *ética algorítmica* aquella rama de la ética aplicada a la tecnología que explora y trata de resolver el conjunto de cuestiones que afloran a raíz de la programación de un algoritmo. El foco, pues, está puesto en la programación, en el diseño, en la elaboración de los algoritmos.

Sin embargo, antes de avanzar en esta reflexión, se impone la necesidad de definir, aunque sea de manera muy inicial, la naturaleza de un algoritmo.

¿De qué hablamos cuando hablamos de un algoritmo?

Si nos referimos a las matemáticas, que es el campo original del término, podemos decir que un algoritmo es un conjunto finito de operaciones que debemos seguir para resolver un problema. Se presenta de una manera secuencial en el tiempo.

Precisemos. Es un conjunto ordenado de operaciones, es decir, una cadena de instrucciones que deben seguirse una tras otra. Una buena forma de ilustrarlo puede ser el ejemplo de una receta de cocina, que sigue siendo un algoritmo sencillo. En toda receta se describe un procedimiento concreto

53

y ordenado, por lo que cada una de las operaciones que se describen constituye lo que se llama un algoritmo.

Su objetivo es resolver un problema, es decir, tiene un objetivo acotado. Cuando se escribe un algoritmo, el objetivo es obtener un resultado. No se trata solo de escribir una serie secuenciada de órdenes que no llevan a ninguna parte, sino de hacerlo de manera racional y con un propósito.

Lo que ocurre es que la realidad resulta siempre más compleja que nuestros diseños. Irrumpe lo imprevisto, lo que no estaba planificado. Si, por ejemplo, se crea un algoritmo diseñado para actuar en la vida real, las órdenes incluidas en ese algoritmo deben contener instrucciones teniendo en cuenta las diferentes situaciones que se pueden encontrar. El programador imagina posibles circunstancias y presenta soluciones, pero siempre irrumpen situaciones imprevistas.

Así, la forma del algoritmo se convertirá en un enorme árbol de instrucciones que, dependiendo de su complejidad, puede incluso ofrecer resultados sorprendentes que nunca podríamos haber previsto. Los sistemas de IA más sofisticados tienen capacidad de aprendizaje a partir de la experiencia y de incorporar en su propio diseño unas opciones que el programador no había contemplado en su primera elaboración.

Un ejemplo paradigmático de esto sería la programación de vehículos autónomos en caso de accidente inevitable. ¿Cómo debe reaccionar el vehículo en cuestión frente a un dilema en el que debe escoger entre A y B? ¿Cómo arbitrar los riesgos que corren unos y otros?

Sin embargo, los vehículos autónomos solo son un ejemplo. La mayor parte de algoritmos son susceptibles de contener parámetros y opciones por defecto que tienen una inmensa trascendencia moral. Las decisiones que toman afectan a personas, a animales, a mobiliario urbano. El vehículo funciona solitariamente, pero debe poder jerarquizar qué es lo más relevante en un momento dado, qué tiene valor i qué tiene dignidad.

Los filósofos amamos las categorías, las definiciones, en definitiva, los conceptos. Justamente uno de los campos de la ética aplicada consiste en generar categorías útiles para comprender la realidad y, eventualmente, para transformarla. La noción de ética de los algoritmos nos ayuda a desarrollar este análisis conceptual. La expresión indica, de entrada, un ámbito de aplicación: el conjunto de cuestiones morales que se plantean en la programación.

Se puede situar esta área dentro de un subconjunto de cuestiones en ética de la IA, que se refieren a lo bueno, justo o virtuoso que se debe hacer con estos sistemas. Dicha ética es, a su vez, una rama de la ética de la tecnología o tecnoética, más precisamente, de las tecnologías de la información.

Pero la ética de los algoritmos está muy cerca de lo que se llama ética de la robótica o ética de las máquinas. Esta rama tiene como referente el libro de Wallash y Allen *Moral Machines*. En este ensayo, editado en el 2008, los autores sientan los fundamentos de una cuestión inédita, hasta entonces, en la filosofía práctica: ¿Cómo desarrollar una moralidad computacional?

La ética algorítmica se distingue de la de los robots por ser más englobante. Un algoritmo no es indispensable dentro de un cuerpo robótico o de una encarnación concreta para plantear cuestiones morales. Una aplicación de investigación, recomendación o traducción puede, de hecho, ser evaluada moralmente. La cuestión que permanece siempre es la misma: ¿Cómo actuar dentro del programa y del algoritmo para conformarse con los estándares morales?

De hecho, la ética algorítmica solo se distingue de la ética de las máquinas por algunas connotaciones. Rompe con la idea unitaria que relacionamos con la imagen de la máquina. Las máquinas nos parecen, espontáneamente, individualidades, artefactos, pacientes morales. Sin embargo, sería más adecuado, desde un punto de vista ontológico, hablar en plural y emanciparse de esta concepción unificada de las máquinas. Quizá habría que ver las máquinas dotadas de IA como entidades especializadas que permanecen cognitivamente opacas. Ahí radica uno de los grandes problemas: en su opacidad. Desde la ética algorítmica se reclama transparencia y no solo eso, sino además explicabilidad. Dicho de otro modo, el ciudadano debe poder comprender cómo se toman decisiones, por qué se toman las que se toman y en base a qué criterios.

El corazón del problema no es el artefacto, ni su forma, sino la programación que lleva instalada en su interior. Hablamos, pues, de un intangible. Desde el punto de vista de la filosofía moral, los robots o las máquinas no son más que envoltorios de los algoritmos.

La ética algorítmica estimula a los filósofos a profundizar en los sistemas internos y a conocerlos con precisión y transparencia. Dedicarse a la ética algorítmica es concentrarse en un área muy particular del saber, pero también en una escala singular, muy poco habitual. Para ello, se requiere una especialización que no se obtiene en la facultad de Filosofía, sino que exige trascender el propio campo profesional y entrar en interacción con el ámbito de la información, la robótica y la computación.

¿Cómo se manifiesta ese cambio de escala? ¿Qué hace diferente a la ética algorítmica de la ética de la IA que la engloba?

Veámoslo con algunas preguntas prácticas.

— ¿Es necesario implementar los vehículos autónomos en las ciudades? Ética de la IA.

— ¿Cómo programar un vehículo autónomo en caso de accidente inevitable? Ética algorítmica.

— ¿Hay que censurar a los robots sexuales? Ética de la IA.

— ¿Deberían estos robots ofrecer la opción de simular una resistencia? Ética algorítmica.

— ¿En qué condiciones un robot debería tener derechos? Ética de la IA.

— ¿Debería una aplicación de encuentros interpersonales automatizar o reducir ciertas discriminaciones? Ética algorítmica.

Mientras que la ética de la IA sostiene que los sistemas de IA no deberían engendrar discriminaciones, la ética algorítmica se interroga por la traducción de estos principios generales en el código informático, ya que de lo que se trata en ella es, justamente, codificar la moral.

Los algoritmos exigen que se tomen decisiones terriblemente precisas y nítidamente claras. Esto significa que la ética algorítmica no puede quedarse en el terreno de la duda o vacilación. Lo que esperamos de estos sistemas son soluciones y no dudas, garantías y no perplejidades. Sin embargo, los seres humanos, cuando tomamos decisiones, experimentamos, en ocasiones, angustia, desazón, congoja, porque no sabemos exactamente qué es lo que debemos hacer.

Este tipo de trabajo nos obliga a pensar sobre los modelos de justicia disponibles y a aplicar uno de ellos. La *Technology Review* publicó una bella ilustración del problema a partir del caso COMPAS, un sistema de predicción de la criminalidad criticado por tratar injustamente a las personas negras.

La ética algorítmica no está reservada, únicamente, a la programación. Desarrolla una perspectiva descendente. Mientras que la IA favorece una perspectiva ascendente, más macro, cerca de la ética de la tecnología, la ética algorítmica focaliza la atención en el detalle, en el ámbito micro. En efecto, su cometido consiste en explorar los criterios éticos encarnados en los algoritmos y someterlos a un análisis crítico, pues ahí es donde radica el posible sesgo y consiguiente discriminación.

No es de extrañar que los filósofos analíticos expresen sus afinidades con las exigencias de transparencia y precisión de la ética de los algoritmos, mientras que, en cambio, los filósofos continentales se sientan más cerca de los grandes relatos de la ética de la IA. La gran aportación de la filosofía analítica del siglo xx puede ser muy útil a la hora de explorar el uso y

57

manejo del lenguaje, la secuencia lógica de los algoritmos y los errores en el proceso de deducción.

Sin embargo, los dos enfoques son necesarios. Mientras que la ética de los algoritmos explora el funcionamiento interno de las máquinas, la ética de la IA se interesa, globalmente, por el ser humano, por su historia, por su entorno y por sus relaciones con el artefacto, en definitiva, por todo lo que la implementación de la Inteligencia Artificial puede alterar y transformar.

Es fácil adivinar que la frontera entre estas dos áreas de estudio no es clara ni nítida. Si es posible tener una programación moral satisfactoria para un robot, tema que estudia la ética algorítmica, entonces, existe una buena razón para fabricarlas, tema que corresponde a la ética de la IA, pero, ¿y si no es así?

Una aplicación que parezca absolutamente necesaria puede coaccionar la toma de decisiones en la ética algorítmica. Un ejemplo de ello sería una *app* antipandemia que diese la prioridad a la seguridad sobre el respeto de la vida privada. El análisis moral del diseño pertenece a la ética algorítmica, mientras que la reflexión sobre la tensión entre el derecho a la seguridad y la vida privada corresponde a la ética de la Inteligencia Artificial.

Es fundamental la transparencia de los algoritmos y también su explicabilidad. El ciudadano común debe poder comprender cómo se toman las decisiones. Bajo la forma de neutralidad se ocultan criterios éticos de tipo subjetivo que los tecnólogos han proyectado de un modo inconsciente. La frontera no está nada clara. De hecho, la ética de la IA y la de los algoritmos forman más bien dos polos ligados por un *continuum* que dos territorios separados.

Tomemos, por ejemplo, la voz de los asistentes personales. ¿Debe ser, por defecto, femenina, masculina o neutra? ¿Debe parecer joven, madura o de una persona mayor? ¿Debe imitar una voz humana o poseer un acento metálico, robótico, fácil de distinguir? ¿Qué timbre de voz debe escogerse?

58

Todas estas cuestiones conciernen al diseño del asistente personal, la forma en que interacciona con los interlocutores humanos. Son relativamente precisas. Sin embargo, dependen de un conjunto de consideraciones muy generales como, por ejemplo, con qué tipo de robots queremos vivir.

Dicho de otra forma, una decisión que puede parecer circunscrita, únicamente, al diseño vocal de un robot social presupone una reflexión global, a escala de la ética de la IA.

Los programadores conocen mejor los algoritmos que la ética de los algoritmos. Esta área se les reserva, pero no debería ser así, por la trascendencia y consecuencias que tiene la programación. Más bien debería ser la resultante de un trabajo interdisciplinario entre filósofos, ingenieros, informáticos, teólogos, matemáticos y sociólogos.

Sin embargo, este trabajo interdisciplinario es sumamente difícil de establecer por múltiples razones. Sufrimos lo que José Ortega y Gasset llamó la *barbarie de la especialización*. Existen enormes dificultades no solo lingüísticas, sino también de poder entre las disciplinas, en ocasiones por falta de reconocimiento o por injusticia epistémica.

Cada vez sabemos más de menos territorio. Los lenguajes de cada disciplina se convierten en idiolectos ininteligibles para los demás profesionales. Es necesaria una *lingua franca* para que las diversas disciplinas se puedan encontrar y para que se puedan examinar desde diferentes perspectivas los problemas y las implicaciones que se derivan de las programaciones.

Con demasiada frecuencia, los especialistas viven en universos paralelos, ubicados en esferas lingüísticas muy alejadas, de modo que el diálogo se hace muy difícil y la comprensión mutua aún más.

Sin embargo, es indispensable que el filósofo transite de su torre de marfil hacia el mundo de la ingeniería, de la robótica y de la informática, pero, a la vez, también es imprescindible que los ingenieros, los informáticos y los matemáticos presten atención a los problemas éticos que se derivan de sus programaciones, del diseño de sus circuitos.

Las máquinas dotadas de Inteligencia Artificial deben tomar decisiones. Generalmente deben determinar una opción por defecto. Es sabido que una gran parte de los usuarios no cambia los parámetros iniciales.

Conviene, pues, preguntarse si las voces femeninas de Siri o Google Home no refuerzan el estereotipo que vincula la polaridad femenina al servicio. Igualmente, cabe preguntarse qué producirá, en el cerebro de la gente, la asociación de una entidad no biológica a un género. Quizás permite concluir que no es una buena idea reproducir en los artefactos inanimados la dicotomía masculino/femenino.

¿Es necesario automatizar ciertas normas?

Los asistentes personales dotados de Inteligencia Artificial y otros robots no desembarcan en un mundo moralmente virgen ni puro. Operan en un mundo que está saturado de desafíos éticos y, por qué no decirlo, lleno de injusticias. Por él circulan varias jerarquías sociales, estereotipos y todo tipo de sesgos implícitos. Una parte importante del trabajo en ética algorítmica radica en identificarlos y preguntarse si es legítimo automatizarlos y reproducirlos en las máquinas inteligentes que utilizamos.

Parece difícil para los programadores sustraerse a esta responsabilidad. Al igual que la opción por defecto, la elección del menú es ya un arbitraje moralmente cargado. En efecto, programar es tomar partido. Por eso, es esencial discernir cómo y de qué forma se debe programar un dispositivo. Cualquier decisión que se tome contiene una carga moral, ya sea positiva o negativa, y conlleva unas consecuencias que es necesario evaluar anticipadamente.

En Francia, por ejemplo, los asistentes vocales tienen acento francés y en Quebec, acento quebequés. ¿Qué es el acento francés? ¿Es el de Toulouse, el de Marsella o el de Poitiers? Es el de la capital por oposición al de las provincias. No es un acento popular; es el de la televisión.

Pero, ¿quién no nos asegura que sería una buena idea que en Francia Alexa respondiera con el acento quebequés y Siri tuviera el acento de Haití? ¿Quién sabe si esto no facilitaría la vida a los inmigrantes quebequeses en Francia y de los haitianos en Quebec? Al menos se podría dar la elección a los usuarios. Se podría ofrecer esa opción entre una decena de acentos.

He aquí un pequeño ejemplo. Irrelevante, puede pensar alguien, pero que tiene sus consecuencias y sus efectos. Las opciones que aparecen en el menú de entrada forman parte de una selección que obedece a unos criterios, una toma de partido. No hay menú neutro, como no existe un índice objetivo en un libro, ni tampoco un programa de asignatura que pueda calificarse de absolutamente objetivo y neutro.

Los temas que se presentan, el orden y la duración de cada uno de ellos son decisiones del profesor que obedecen a distintas razones. No siempre explica estas razones, ni las justifica delante de sus alumnos, pero en ningún caso son la expresión de una decisión imparcial u objetiva. Quizá prioriza los temas que él conoce mejor o bien los selecciona porque cree que los alumnos deben conocerlos necesariamente para dominar su profesión. No lo sabemos y si no se lo explica a los alumnos en un ejercicio de honestidad intelectual, tampoco lo sabrán ellos.

Hay que escoger a la hora de realizar la programación y no es evidente que los sistemas de IA lo hagan a partir de las normas y categorías que están en juego. Quien programa proyecta sus criterios o bien los de la compañía para la que trabaja en el corazón del artefacto que diseña.

Otra área específica de la ética algorítmica tiene que ver con la noción de autonomía. En muchos casos, no se trata de programar una simple reacción a una señal, como el humo que activa el sistema de alarma. Se trata de dotar al sistema de una cierta capacidad de decisión integrándole diversas informaciones que le permitan tomar decisiones a partir de los parámetros que ha recibido.

61

Decimos que un ser es autónomo cuando se rige por su propia ley (*autos nomos*). Decimos, en cambio, que un ser es heterónomo cuando se regula por la ley de otro (*heteros nomos*). El ser humano, a diferencia de los demás seres vivos, tiene capacidad de regirse por su ley, de pensar por sí mismo, de determinar sus actos.

Esta particularidad es, según Immanuel Kant, el argumento de la distinción humana. Vivir conforme al imperativo categórico que ordena desde el núcleo de la razón pura práctica es, justamente, lo que hace diferente al ser humano del resto de los seres vivos. Sin embargo, las máquinas dotadas de Inteligencia Artificial, ¿se pueden considerar autónomas? Y, si lo son, ¿en qué sentido?

La Inteligencia Artificial del juego de go se adapta a su adversario, puede reaccionar con golpes asombrosos. ¿Qué hacer con los comportamientos más complejos y moralmente pertinentes? ¿Cómo programar una entidad autónoma o parcialmente autónoma?

Para lograr esto es necesario ir más allá de implementar una regla de conducta. Es imprescindible encuadrar un conjunto de metarreglas. Los vehículos autónomos permiten ilustrar la cuestión que estamos planteando.

Es necesario programarlos, lógicamente, para que se detengan cuando hay semáforo en rojo, pero el sistema puede ser más inteligente que eso. Puede conseguir, por ejemplo, que el vehículo pase en rojo si así puede evitar un accidente o si lleva un herido muy grave en su interior que necesita urgentemente atención médica.

Programar es dibujar un circuito, pero en el circuito hay cruces y en virtud de las circunstancias en las que se encuentre el artefacto inteligente, deberá tomar una decisión u otra, deberá, incluso, transgredir la norma de circulación.

Aquí surge la noción de autonomía aplicada a la Inteligencia Artificial. Programar moralmente un vehículo autónomo es dotarle de la capacidad de decidir por sí mismo. En

62

cierta medida, es delegarle, como sujeto, el proceso de toma de decisiones.

Tradicionalmente, en el marco de la filosofía moderna, desde René Descartes hasta Bertrand Russell, se entiende que solo es sujeto de decisiones libres y responsables el ser humano. La noción de sujeto se ha reservado únicamente para la persona, entendida como un ente capaz de actuar autónomamente.

Algunos autores contemporáneos como Peter Singer, Hugo Tristram Engelhardt o John Harris, entre otros, distinguen entre seres humanos y personas y sitúan el punto de distinción en la autonomía.

Siguiendo ese hilo discursivo, un recién nacido, por ejemplo, sería un ser humano, pero todavía no sería persona, porque no tiene la capacidad de tomar decisiones libres y responsables por sí mismo, de actuar autónomamente. Un enfermo de Alzheimer en estado avanzado sería un ser humano, porque pertenece a la especie humana, pero no sería una persona, porque no es capaz de llevar una vida autónoma, de tomar decisiones a la luz de sus valores personales.

La autonomía es el gran principio de la Modernidad, el valor más elevado. Vivir de forma autónoma es resistir al embate de los demás, a la influencia de los poderes fácticos; es liberarse de la opresión del otro, ya sea el Estado, ya sea la Iglesia o cualquier presión del exterior. Vivir de forma autónoma es, para utilizar la expresión existencialista, ser auténtico, hacer de la propia vida una obra de arte, como dice Søren Kierkegaard, un proyecto único y singular en la historia.

¿Se puede decir de una máquina capaz de tomar decisiones por sí misma que es un sujeto autónomo? ¿No es excesivo aplicarle esa categoría filosófica? ¿Al tomar decisiones abandona la condición de objeto, de cosa, para convertirse en un sujeto autónomo? Si es un sujeto, ¿no deberían reconocérsele derechos como a las personas? ¿No significa una transgresión del espíritu y de la letra de la filosofía moderna?

Esta delegación de la autonomía en las máquinas plantea muchas cuestiones en la frontera entre la robótica y la antropología: Si un robot está programado, ¿en qué es autónomo? ¿Se puede hablar realmente de autonomía? ¿No es una contradicción *in terminis*?

Si está programado, significa que alguien le ha incrustado un conjunto de metarreglas o criterios generales para tomar decisiones cuando se encuentra en determinadas circunstancias. No actúa, solo, de forma mecánica, automatizada, porque se detiene y discierne qué debe hacer, pero lo hace a la luz de unos criterios que alguien le ha puesto desde fuera.

Si el argumento es correcto, puede decirse que el artefacto es heterónomo, porque toma decisiones a la luz de unos criterios que le han sido puestos desde fuera, pero, a la vez, los ejecuta la máquina, de tal forma que incluso pone en crisis algunas reglas recibidas, como respetar el semáforo rojo o pasar cuando está verde, porque el criterio general rige sobre la norma.

Sin embargo, este debate también se puede proyectar sobre la condición humana, en palabras de Hannah Arendt. ¿Estamos programados nosotros? ¿Quién nos ha introducido el imperativo categórico? ¿Quién nos ha instalado la ley natural de la que hablaban ya los filósofos estoicos? ¿Somos realmente autónomos o nos lo parece?

El viejo debate entre determinismo e indeterminismo entra, de paso, en el escenario. Según los deterministas, la libertad es un espejismo, la autonomía humana es un cuento de hadas. Nos creemos que somos libres, pero estamos programados de antemano. No decidimos sobre lo que nos ha sido dado. Según los indeterministas, en cambio, el ser humano en el núcleo último de su conciencia, es capaz de tomar decisiones libres y responsables, dispone de un yo capaz de ejercer su autodeterminación.

Un robot de transporte no tiene necesidad de ser libre en el sentido filosófico del término para decidir si debe res-

64

petar o no el semáforo rojo. Lo que hace falta es que tenga instaladas metarreglas y una capacidad de predecir lo que le pasará. El ser humano se salta el semáforo en rojo y no siempre porque exista una causa mayor como la de salvar una vida, sino, sencillamente, por distracción, por espíritu aventurero o por negligencia.

¿Se puede considerar que programar una entidad autónoma es, más o menos, como educarla? ¿Es esta la palabra o debemos guardar el verbo *educar* y solo debemos utilizarlo cuando nos referimos a los seres humanos? ¿Se puede educar a los animales? ¿Y a las máquinas? ¿Es lo mismo educar que adiestrar?

El baile semántico es inevitable cuando afrontamos filosóficamente este tipo de cuestiones. ¿Se puede educar a los vehículos autónomos a tomar las curvas con cuidado sobre un suelo helado o evitar que aplasten a un animal cuando cruce la carretera? ¿Se les puede enseñar a resolver dilemas trágicos como el de salvar a un niño o a un anciano?

La ética algorítmica es, como decíamos al principio, una ética aplicada a la tecnología emergente. Evoca cuestiones que trascienden el plano de la ética aplicada y nos sumerge, de nuevo, en los acuciantes debates de la antropología filosófica: la libertad, el libre albedrío, la esencia de la humanidad y la equidad. De ahí que solo pueda articularse adecuadamente desde el diálogo interdisciplinar entre tecnólogos y humanistas, lo cual exige trascender los idiolectos y el mutuo reconocimiento del estatuto epistemológico.

La palabra *algoritmo* se está convirtiendo en el vocablo de moda y no solo esta, también sus derivados. Se escribe sobre la cultura algorítmica, el amor a los algoritmos, la ética algorítmica, el poder de los algoritmos, la sociedad algorítmica e incluso la gobernanza algorítmica.

Los algoritmos están transformando las ciencias, la industria y la sociedad, alteran las nociones de trabajo, de propiedad, de gobierno, de vida privada y de humanidad.

Por un lado, los algoritmos nos facilitan la vida, pero por otro, nos plantean muchas dudas y grandes preguntas. Los algoritmos vehiculan todo tipo de miedos, pero es bueno que los propios programadores nos ayuden a extirparlos del cuerpo social.

Estamos completamente rodeados por algoritmos. Algunos reaccionan a los mercados financieros, otros actúan en el terreno de las aseguradoras, existen en el campo de los medios de comunicación social, otros trabajan en el mundo de la seguridad. Los hay que nos guían en nuestras elecciones de consumo y los hay que pilotan las redes sociales.

El algoritmo ha entrado en la vida de la sociedad, pero lo ha hecho porque, en cierta medida, se le ha confiado cada vez más las operaciones esenciales. Determinar la orientación de un estudiante, decidir si recibirá o no una ayuda, prever si un detenido tiene posibilidades de reincidir, anticipar el resultado de un proceso, entre otros, son acciones que hacen cotidianamente los algoritmos, pero eso no significa que lo hagan observando cierto número de principios éticos, como el respeto a los derechos individuales, la equidad y la no discriminación.

Por ahora, los algoritmos plantean problemas muy espinosos, ya que están envueltos en un aura de objetividad científica, como si una decisión tomada a partir de sus consejos fuera indiscutible porque, supuestamente, es puramente mecánica y está desprovista de todo tipo de prejuicios. Se parte del falso supuesto que son neutros.

Visto así, es fácil llegar a la conclusión de que es mejor someterse al veredicto de un algoritmo más que a un juez humano, susceptible de tomar decisiones que varían en el transcurso de la jornada por los efectos de la fatiga y estado de ánimo.

El algoritmo de funcionamiento matemático se presenta, pues, como una solución para paliar la falibilidad humana. Y, sin embargo, conviene interrogarse sobre esa pretendida objetividad.

Como dice Dominique Cardon, los algoritmos no son neutros. Refuerzan una visión de la sociedad que les ha sido dada por parte de quienes los programan o bien por parte de quienes pagan estos programas. Los artefactos técnicos contienen los principios, intereses y valores de sus diseñadores. La puesta en marcha operativa de estos valores pasa por decisiones técnicas, variables estadísticas y métodos de cálculo. Constituye un terrible error atribuir neutralidad a la IA, pues, al fin y al cabo, es un producto humano y, en tanto que humano, es expresión de un modo de ser, de vivir, de pensar y de creer.

En la medida en que los algoritmos clasifican, operan, categorizan o recomiendan, entre otras operaciones, entran de lleno en el campo de la ética. Por eso, es imprescindible reflexionar sobre cómo lo hacen, cómo llegan a las conclusiones a las que llegan, pero esto solo es posible si se disuelve su opacidad. Frente a esta opacidad, es necesario reclamar transparencia y poner más de manifiesto que nunca la necesidad de abrir las cajas negras.

La razón de esa petición es evidente. En una sociedad democrática, conviene que decidamos públicamente con qué criterios y con qué principios deseamos que funcionen los algoritmos, hasta qué punto queremos delegarles nuestras decisiones y, a la vez, qué tipo de control deseamos poder ejercer sobre ellos. En la medida en que se les implementan criterios de decisión, los algoritmos no son, en modo alguno, neutros. Son sistemas automatizados que contienen, fácilmente, sesgos.

En definitiva, la pregunta ética debe estar atenta a la doble dimensión de los datos, por un lado, y del algoritmo, por otro. Tamaña cuestión requiere de un abordaje interdisciplinar.

La cultura de la evaluación se está imponiendo en muchas organizaciones y no solo de índole comercial, sino también social, educativa y sanitaria. No basta con diseñar programas o planes, es necesario también evaluar su desarrollo, su realización. Sin evaluación no hay crítica ni mejoras posibles. Los algoritmos que utilizamos en nuestra vida cotidiana sin darnos cuenta también deben someterse a la evaluación.

La palabra *algoritmo* ha entrado, de lleno, en el debate público sin que su objeto haya sido bien definido. Los algoritmos están en todas las salsas, en las nuevas tecnologías de la información y de la comunicación, en los objetos conectados y en la Inteligencia Artificial.

Se han convertido en una fuente de preguntas inquietantes en torno a la manipulación y la explotación de los datos numéricos, a la confidencialidad y la transparencia, al interés personal y colectivo.

Este nuevo mundo en torno a los algoritmos y el *big data* estudia, de forma permanente, el mundo real con el objetivo de crear predictibilidad. Ahora bien, plantea, entre otras cosas, una cuestión mayor: ¿Cómo garantizar que un algoritmo sea ético?

La acción ética es, ante todo, una respuesta a una situación límite y compleja. Generalmente, la ética de lo numérico se traduce por preguntas sobre el comportamiento y el uso de los individuos frente a las nuevas tecnologías de la información y la comunicación y, posteriormente, sobre el comportamiento, cada vez más autónomo, de los instrumentos tecnológicos.

Dentro de este marco, la ética, en la medida en que es una forma de regular los comportamientos, basada en el respeto a los valores, es esencial para aportar un marco a la utilización de los algoritmos. No hay que olvidar la dimensión temporal y a menudo irreversible de ciertas decisiones. De ahí la relevancia de la reflexión ética.

La responsabilidad de los seres humanos está en el centro de la ética. También una empresa debe saber cómo introducir la ética en sus acciones numéricas.

Las preguntas éticas deben formar parte integrante de su misión y, así, construir una reflexión ética. Es necesario trascender la aproximación interdisciplinaria y lograr una verdadera transdisciplinariedad, una fusión de disciplinas para conseguir una verdadera ética de lo numérico en la que las cuestiones sociales y morales se integren dentro de las nuevas tecnologías de la información y de la comunicación.

El gobierno de las nuevas tecnologías de la información y de la comunicación debe superar largamente la dimensión rígida, puramente tecnológica y normativa para abarcar la dimensión transversal, flexible, dinámica y evolutiva de la ética algorítmica.

Esta ética basada en el principio del *ethics by design* es la que debe imponerse en los próximos años y debe ser la piedra angular de la relación de confianza que hay que construir con la ciudadanía. Esto contribuirá a que los usuarios estén más atentos respecto a la explotación del *big data*.

Todo ello conducirá a los ciudadanos a preguntarse hasta qué punto pueden entregar su vida privada a los servicios numéricos.